AF197208

WISSENSCHAFT
IST
WEIBLICH

Mit der Unterstützung von:

  ERNST GÖHNER STIFTUNG

Der Verlag HELVETIQ wird vom Bundesamt für Kultur mit einem Strukturbeitrag für die Jahre 2021–2025 unterstützt.

Wissenschaft ist weiblich
24 Essays, die mit sexistischen Argumenten aufräumen

Text und Illustrationen: Lucia Sillig
Satz und Layout: Chloé Châtelain
Übersetzung aus dem Französischen: Ulrike Rehberg
Lektorat: Myriam Sauter und Philippa Smith
Korrektorat: Ulrike Ebenritter

Auch auf Französisch erhältlich:
Game ovaire – *Pour en finir avec les arguments scientifiques sexistes et périmés*

ISBN: 978-3-03964-074-4
1. Auflage: Oktober 2024
Hinterlegung eines Pflichtexemplars
in der Schweiz: Oktober 2024
Gedruckt in Lettland

© 2024 HELVETIQ (Helvetiq AG)
Mittlere Straße 4
CH-4056 Basel
Schweiz

Alle Rechte für alle Länder vorbehalten.

helvetiq.com

WISSENSCHAFT IST WEIBLICH

24 ESSAYS, DIE MIT SEXISTISCHEN ARGUMENTEN AUFRÄUMEN

Aus dem Französischen
von Ulrike Rehberg

LUCIA SILLIG

Für Nina und Ernestine

Inhaltsverzeichnis

Vorwort

Wissenschaft ist nicht feministisch. Oft werden Argumente aus der Biologie herangezogen, um Forderungen nach Gleichberechtigung abzulehnen und Menschen in bestimmte Schubladen zu stecken. Aber aufgepasst, denn nicht jede Schublade ist gleich! Männer gehen auf die Jagd, sitzen in Vorständen und entdecken neue Galaxien; für Frauen bleibt lediglich der Haushalt übrig. Wenn alle brav ihre Rolle spielen würden – wie schon seit Anbeginn der Zeit (oder eben auch nicht, Kapitel 1) –, dann wäre gut für die Mammuts gesorgt gewesen.

Auch heute noch stellen Biologielehrbücher es so dar, als seien Männer genetisch darauf programmiert, ihre Spermien überall zu verteilen und so ihre Gene so weit wie möglich zu verbreiten. Dabei beschäftigen sich diese Bücher nicht allzu sehr mit Begriffen, die für den Fortbestand unserer Art lästig sein könnten, wie etwa mit dem der sexuellen Einvernehmlichkeit (Kapitel 6). Frauen hingegen seien von Natur aus gutmütig und widmeten sich mit Leib und Seele ihrer unausweichlichen Zukunft des Kinderaufziehens. Ein Teil der Neurowissenschaften müht sich außerdem damit ab, zu beweisen, dass Männer tatsächlich ein größeres Talent für das Einparken von Autos haben, Frauen aber dafür, anderen ein Bad einzulassen (Kapitel 16). Kurz, ein ganzer Bereich der Forschung achtet sorgsam darauf, dass die Struktur des Universums nicht durcheinandergerät, indem gegen DAS Grundgesetz der Astrophysik verstoßen wird: Männer kommen vom Mars und Frauen von der Venus.

Wissenschaft ist nicht feministisch. Aber wir sollten uns dennoch vor Augen halten, in welcher Epoche diese wissenschaftlichen Theorien entstanden sind und wer sie uns eigentlich überliefert hat: ein Haufen von männlich-weiß-privilegierten Homo sapiens, die als Erste auf die Idee der Unterscheidung zwischen den Geschlechtern kamen und dazu neigten, sich selbst als DIE

WAS BEDEUTET ES, FEMINIST:IN ZU SEIN?

FÜR VIELE VON UNS HEISST DAS: »JEMAND, DER FÜR DIE FRAUEN ALS KLASSE KÄMPFT UND GLEICHZEITIG FÜR DAS VERSCHWINDEN DIESER KLASSE.«

MONIQUE WITTIG

SCHRIFTSTELLERIN, PHILOSOPHIN SOWIE MILITANTE LESBE UND FEMINISTIN

Menschen schlechthin wahrzunehmen – alles andere war ihnen fremd, unbekanntes Terrain. Also haben sich diese Herren allerlei merkwürdige Dinge ausgedacht, die ihnen gerade so in den Kram passten. Zum Glück geriet die Klitoris nicht in Vergessenheit und wurde von einer Frau (wieder-) entdeckt, ansonsten hätten wir nämlich eine Flagge dort zu stecken, wo es sehr, sehr wehtut (Kapitel 7).

Diese Herren haben auch ein ganzes System entwickelt, um alles von Schmetterlingen über Menschen und die Sterne, ja bis hin zur ganzen Welt, in Kategorien zu stecken. Aber je sturer man versucht, ein so fröhliches Durcheinander wie die Natur – und insbesondere das Geschlecht und alles, was damit zusammenhängt, vom Testosteronspiegel (Kapitel 14) bis zur 3-D-Sicht –, in starre Schubladen zu pressen, desto klarer wird es, dass das Ganze doch ziemlich kompliziert ist (Kapitel 4).

Darüber hinaus stellt dieser große Ordnungsversuch die Frage nach dem Angeborenen und dem Erlernten: »Nature and nurture«, Natur und Erziehung, sagen die Angelsachsen. Und genau darauf stürzen sich die Expert:innen – die mal mehr und mal weniger tatsächlich solche sind. Es gibt nur einen einzigen Punkt, in dem sich die gewaltige Mehrheit der wissenschaftlichen Gemeinschaft einig ist: Es ist extrem schwierig, Natur und Erziehung voneinander zu trennen. Dies hat sich nur noch mehr gesteigert, seitdem erkannt wurde, dass die Ausprägung unserer DNA, also unserer inneren Bedienungsanleitung, von der Umgebung abhängt, in der wir, und auch unsere Großeltern vor uns, leben. Zudem wird die Trennung von Natur und Erziehung schwieriger, seitdem besser beurteilt werden kann, wie formbar unser Gehirn ist und wie sehr es sich daran anpasst, was wir tun oder was wir in einem bestimmten Zeitraum unserer Existenz erleben (Kapitel 15).

Aber wenn das Angeborene und das Erlernte so eng miteinander verstrickt sind, wieso versuchen dann manche so verbissen, die beiden voneinander zu trennen? Und warum erhitzt dieses Thema so viele Gemüter? Weil alles, was »natürlich«, also angeboren ist, zwingend gut ist? Oder weil es möglicherweise unveränderlich ist und daher eine gute Ausrede dafür abgibt, alles so zu lassen, wie es ist? Unbestritten ist jedoch, dass Lebewesen ein verdammt großes Anpassungsvermögen haben, sodass Unveränderlichkeit eher ein bequemer Vorwand ist ...

Wissenschaft ist nicht feministisch. Aber sie ist an sich auch nicht sexistisch. Alles hängt davon ab, wie wir Fragen stellen und was wir aus den Antworten machen. Unser Gehirn ist nämlich ein unverbesserlicher Geschichtenerzähler, der Rohdaten aus dem Alltag in eine Art »Interpretationsschicht« hüllt. Die Wissenschaft kann sich also noch so sehr in eine Aura der Unvoreingenommenheit hüllen – sie kommt trotzdem nicht direkt aus einer sterilisierten Umgebung, frei von externen Einflüssen.

Selbst wenn die wissenschaftlichen Proben mit großer Vorsicht behandelt werden, sind sie dennoch mit hoher Wahrscheinlichkeit verseucht. Hier zeigt sich die Wichtigkeit von Vielfalt in der Forschung (und wohl auch in so ziemlich allen anderen Bereichen). Übrigens hat sich schon eine ganze Menge geändert, seit der Club der Weißkittel begonnen hat, weiblicher zu werden. Es ist erstaunlich, wie sehr manche alten Dogmen bröckeln, wenn erst mal der Versuch unternommen wird, sie zu entstauben.

Über diese Themen möchte ich hier schreiben. Denn die Wissenschaft kann auch feministisch sein: Inmitten der Masse an Studien, Ergebnissen und Meta-Analysen gibt es Ansatzpunkte, die es uns ermöglichen, besser zu verstehen, woher die Benachteiligungen zwischen den Geschlechtern kommen, und Strategien zu finden, um sie wieder zu revidieren. Es lassen sich dort ganz nebenbei auch eine Reihe von nützlichen Werkzeugen finden, um die angeblich »biologischen«, sexistischen Argumente, die uns auf einem Silbertablett serviert werden, zu entkräften. Es sind diese Elemente, die ich versucht habe in den Essays dieses Buches[1] hervorzuheben. Vielleicht werdet ihr finden, dass ich mir nur das raussuche, was mir passt. Aber ich versuche, auch das, was mir ein Dorn im Auge ist, nicht zu übergehen. Und vor allem glaube ich, dass niemand unantastbar ist (was mich betrifft, siehe Bedienungsanleitung auf S. 164). Im Grunde geht es nicht so sehr darum, wissenschaftliche Daten feministisch aufzuarbeiten, sondern eher darum, zu versuchen, die sexistische Brille abzunehmen, die wir für gewöhnlich tragen.

---

1 Von denen ein Teil für Kolumnen geschrieben wurde, die im Radio Télévision Suisse (RTS Radio) ausgestrahlt wurden.

GLEICHHEIT

GLEICHHEIT

GLEICHHEIT

GLEICHHEIT

GLEICHHEIT

GLEICHHEIT

GLEICHHEIT

GLEICHHEIT

GLEICHHEIT

1. Wie die Frauen in der Urzeit Petersilie hackten

NEIN, DIE URZEITLICHEN FRAUEN VERBRACHTEN IHRE ZEIT NICHT DAMIT, DIE HÖHLE ZU FEGEN.

Das Ende der Urzeit ließe sich im 20. Jahrhundert ansetzen. Damals hat die männliche Spezies in der Mehrheit der Länder den Frauen gnädigerweise das Wahlrecht gewährt. Das ist allerdings eine Beleidigung für die Urzeit.

Eine genauere Betrachtung der archäologischen Funde führt zu dem Schluss, dass wir unsere gängigen modernen Vorurteile vielleicht zu voreilig auf die Vergangenheit angewendet haben. Wir haben angenommen, dass die männliche Vorherrschaft eine Tatsache sei, eine Art Zwangsläufigkeit des Ursprungs der Menschheit. Aber der prähistorische Mensch war eben auch weiblich. Doch die Unsichtbarkeit der Frauen begann schon in der Urgeschichte, wie Marylène Patou-Mathis bereits im Titel eines ihrer Bücher[1] feststellt.

MARYLÈNE PATOU-MATHIS

PRÄHISTORIKERIN

Die Prähistorikerin des Pariser Naturkundemuseums (Muséum national d'histoire naturelle) unterstreicht, dass ihr Forschungsgebiet noch ziemlich jung ist. Schließlich reicht es bis in die Mitte des 19. Jahrhunderts zurück, was also echt nicht so lange her ist. Für sie widerspiegeln die ersten Texte, die über unsere fernen Vorfahren verfasst wurden, eher die geschlechtsspezifische Rollenverteilung vor 200 Jahren als die der Höhlenmenschen. Sie fügt hinzu, dass Frauen im Berufszweig der Prähistorie bis in die 1950er Jahre sehr selten waren.

UND NEIN, UNSERE HAUPTBESCHÄFTIGUNG BESTAND AUCH NICHT DARIN, UNS HERUMSCHUBSEN ZU LASSEN.

ODER WIE SIMONE ZU SAGEN PFLEGTE …

ALLES, WAS MÄNNER ÜBER FRAUEN GESCHRIEBEN HABEN, IST VERDÄCHTIG, DENN SIE SIND ZUGLEICH RICHTER UND PARTEI.

SIMONE DE BEAUVOIR

PHILOSOPHIN UND SCHRIFTSTELLERIN

1 *Weibliche Unsichtbarkeit: Wie alles begann*, Marylène Patou-Mathis, übers. v. Stephanie Singh, Hanser Verlag, 2021.

Auch heute noch werden bei jeder Darstellung der Künstler:innen, die Wandmalereien wie die in Lascaux geschaffen haben, Männer abgebildet. In mehreren französischen und spanischen Höhlen wurden Handabdrücke der Urzeit gefunden, die eine biometrische Analyse erlauben. Das Verhältnis von Zeigefinger zu Ringfinger beispielsweise gibt einen Einblick in das Geschlecht der Künstler:innen. Es scheint, ein Großteil davon waren also doch Frauen.

Bei den anderen Zeichnungen lässt sich das zwar nicht auf diese Weise nachweisen, aber warum sollten prähistorische Frauen bloß Hände, aber keine Mammuts oder Wollnashörner gemalt haben? Weil diese Tiere mit Jagdszenen in Verbindung gebracht werden und man annimmt, dass alles, was mit der Jagd zu tun hat, zwingend Männersache ist?

DAS ZEIGEFINGER-RINGFINGER-VERHÄLTNIS

Während bei Frauen beide Finger eine ähnliche Länge haben.

Der Ringfinger ist bei Männern durchschnittlich länger als der Zeigefinger.

Da gibt es also auch ein kleines Repräsentationsproblem. In allen bildlichen Darstellungen und auch in Ausstellungen über unsere Vorfahren scheint es, als ließen sich Jäger:innen und Sammler:innen immer automatisch in Jäger und Sammlerinnen übersetzen. Es liegt mir fern, eine dieser Aktivitäten der anderen überzuordnen. Doch viele Entdeckungen deuten darauf hin, dass wir dieses Bild neu überdenken sollten: vor allem wegen einer jungen Frau, die vor 9.000 Jahren im Süden von Peru auf dem Gelände von Wilamaya Patjxa begraben wurde. Und dies mit einer 24-teiligen Jagdausstattung – darunter Lanzenspitzen, Fleischermesser, Gerberwerkzeuge sowie Hirsch- und Kamelidenknochen.[2]

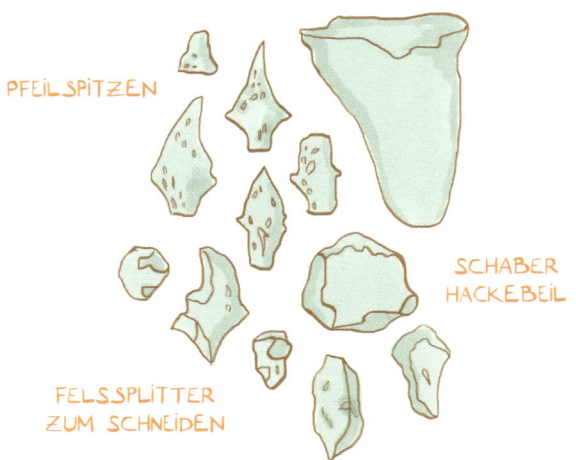

PFEILSPITZEN

SCHABER
HACKEBEIL

FELSSPLITTER
ZUM SCHNEIDEN

Das Ausgrabungsteam hat alle prähistorischen Gräber, in denen Großwildjagdwerkzeuge gefunden wurden, von Argentinien bis Alaska noch einmal untersucht und schätzt, dass es sich bei mehr als 40 % wahrscheinlich um Frauengräber handelt. Welch eine Überraschung. Es scheint jedoch, dass ein Teil der Archäolog:innen seltsamerweise dazu neigt, aus Waffenfunden in Frauengräbern zu schließen, dass es sich um einen Fehler bei der Geschlechterbestimmung handelt – oder dass die Waffen in Wirklichkeit Küchenutensilien waren.

GEHACKTE PETERSILIE

SPEISEPLAN

WIE HACKFLEISCH

2 *Female hunters of the early Americas,*
Science Advances, 4. November 2020.

ICH WURDE MIT EINEM SCHWERT, EINER AXT, EINER LANZE, PFEILEN, EINEM MESSER, ZWEI SCHILDEN UND ZWEI PFERDEN BEGRABEN.

ACH JA, UND AUSSERDEM MIT EINER ART VORGÄNGERVERSION DES SCHACHSPIELS, DAS MEIN »STRATEGISCHES DENKEN« BEWEIST.

ALSO SIND DIE ARCHÄOLOG:INNEN DAVON AUSGEGANGEN, DASS ICH EIN MANN SEI. 2017 HAT DIE UNTERSUCHUNG MEINER DNA ABER DAS GEGENTEIL BEWIESEN.

GRAB DER WIKINGERKRIEGERIN VON BIRKA

Schwer zu sagen, ob die Arbeitsteilung im Rest der Welt strenger war oder ob die Archäolog:innen in Amerika einfach flexibler denken – dazu fehlen uns die Daten. In getätigten Studien über insgesamt 60 Gesellschaften der ganzen Welt (außer Europa) wurde festgestellt, dass in fast 80 % von allen Völkern auch Frauen jagen.[3] Und dass sie das Jagen auch anderen lehren. Sogar in Europa zeigen vor allem die DNA-Analysen, aber auch das Putzen der Brille, dass das Grab von so manchem großen Wikingerkrieger, der mit seinen Waffen und Pferden begraben wurde, eigentlich das einer Kriegerin war. Beispiel dafür ist das Grab der Wikingerkriegerin auf dem Birka-Gelände in der Nähe von Stockholm in Schweden.[4]

MEIN GRAB WURDE 1878 ENTDECKT UND EIN JAHRHUNDERT LANG HAT ES DAZU GEDIENT, KRIEGSHERREN DER WIKINGER ZU IDENTIFIZIEREN.

ABER SEIT FESTGESTELLT WURDE, DASS ICH EINE FRAU BIN, GEHEN MANCHE MÄNNLICHE ARCHÄOLOGEN EHER DAVON AUS, DASS ICH NUR ALS KRIEGERIN VERKLEIDET WURDE UND DAS NICHT MEINEN WIRKLICHEN GESELLSCHAFTLICHEN STATUS WIEDERGIBT.

NA TOLL.

3 *The myth of man the hunter: women's contribution to the hunt across ethnographic contexts*, Juni 2023, PLoS ONE.
4 *A female Viking warrior confirmed by genomics*, September 2017, American Journal of Physical Anthropology.

Wenn die Rollenverteilung bei unseren Vorfahren so viel weniger Rücksicht auf Geschlechter nahm, als wir immer angenommen haben, dann stellt sich die Frage, warum zum Beispiel die Schweizer Frauen bis 1971 warten mussten, um wählen zu dürfen. Es scheint, als seien die Dinge um die Jungsteinzeit herum den Bach heruntergegangen – zu Beginn der Landwirtschaft, vor etwa 12.000 Jahren. Durch das Aufkommen der Sesshaftigkeit zu dieser Zeit begannen die Leute, Besitztümer anzuhäufen, die dann oft von Vater zu Sohn weitergegeben wurden. Das war außerdem die Zeit, in der es einen demografischen Boom gab und die durchschnittliche Anzahl an Kindern pro Frau laut Schätzungen auf das Doppelte anstieg. Den Grabstätten zufolge ist das der Moment, in dem die Ungleichbehandlungen zwischen den Geschlechtern ihren Anfang nahmen.

Vorher war natürlich auch nicht unbedingt alles rosig. Die wenigen vorhandenen Informationen liefern uns kein detailliertes Bild von den vergangenen Gesellschaftsstrukturen. Aber sagen wir mal, das ändert die Perspektive – ja, heute dürfen wir wählen, doch die Gleichberechtigung ist immer noch nicht erreicht. Ich frage mich übrigens, was die Archäolog:innen der Zukunft denken werden, wenn sie unsere Gräber untersuchen.

DIE PRÄHISTORISCHE WISSENSCHAFT ERFORSCHT DIE ABGRÜNDE DER ZEIT, IN DENEN DAS PATRIARCHAT SEINE URSPRÜNGLICHE RECHTFERTIGUNG FINDEN SOLL. ABER JE MEHR WIR ÜBER DIESE ZEIT WISSEN, DESTO WENIGER BEWEISE FINDEN WIR.

MARYLÈNE PATOU-MATHIS

PRÄHISTORIKERIN

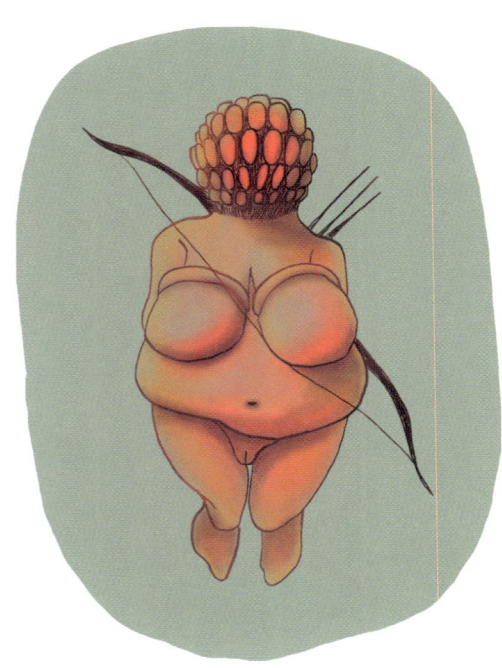

2. Die Schwesternschaft auf Läusejagd

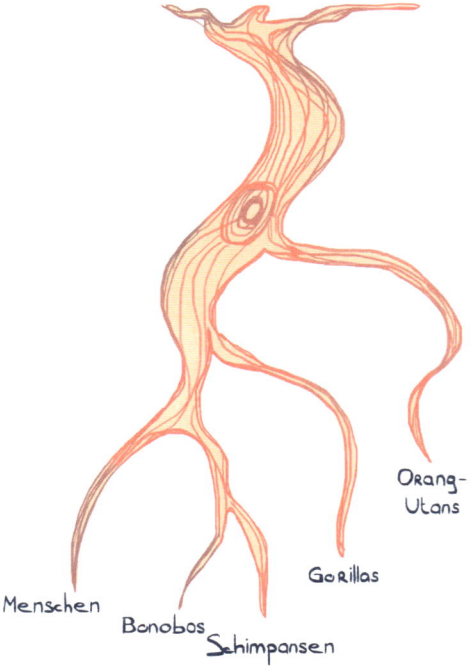

(GROSS-)AFFENSTAMMBAUM

Ich glaube, dass allgemein die Macht der Solidarität unterschätzt wird; besonders die der weiblichen. Die Solidarität ist ein wesentlicher Bestandteil im Kampf gegen die Ungerechtigkeiten der Welt. Und in einer der beiden Spezies, die der unseren am ähnlichsten sind, haben die Weibchen das vollkommen verstanden: Es sind die Bonobos – die einzigen Großaffen, bei denen die Weibchen herrschen.

Dabei sind Bonobo-Weibchen nicht sonderlich größer oder körperlich stärker als ihr Gegenüber, im Gegenteil. Auch bei unseren nächsten Verwandten, den Schimpansen, sind es nicht unbedingt die Kräftigsten, die das Sagen haben, sondern diejenigen mit dem ausgeprägtesten Sinn für Politik, obschon sie in einem durchaus patriarchaleren und brutaleren System leben. Wie wär's also mit ein bisschen politischem Sinn, Mädels?

Menschen Bonobos Schimpansen Gorillas Orang-Utans

DURCHSCHNITTLICHER GRÖSSENUNTERSCHIED

Westlicher Flachlandgorilla   ♂ 2,37 Mal > ♀

Orang-Utan   ♂ 2,23 Mal > ♀

Bonobo   ♂ 1,36 Mal > ♀

Schimpanse   ♂ 1,29 Mal > ♀

Mensch   ♂ 1,15 Mal > ♀

Erica van de Waal, Primatologin an der Universität von Lausanne, unterstreicht, dass vier Affenweibchen, die sich zusammenschließen, stärker sind als jedes Männchen. Die Kraft dieser Schwesternschaft ist umso beeindruckencer, da es bei den Bonobos die Weibchen sind, die sich in die Fremde hinausbegeben. Sie verlassen ihre Familie, um sich neuen Gruppen anzuschließen, in denen sich die sesshaften Männchen schon innig kennen und stark voneinander abhängig sind.

EIGENTLICH SIND SOGAR ZWEI WEIBCHEN ZUSAMMEN SCHON STÄRKER ALS EIN MÄNNCHEN.

ERICA VAN DE WAAL

PRIMATOLOGIN

IN VIELEN TIERARTEN GEHEN DIE JUNGEN FORT, DAS HEISST, SIE VERLASSEN DIE GRUPPE, IN DER SIE GEBOREN SIND, UND SCHLIESSEN SICH ZUR FORTPFLANZUNG EINER ANDEREN AN. DAS IST EIN MECHANISMUS, DER WAHRSCHEINLICH VERHINDERN SOLL, DASS ES ZU VIEL INZUCHT GIBT.

Um diesen anfänglichen Nachteil auszugleichen, bemühen sich die Weibchen intensiv darum, sich ins Netzwerk einzufügen. Dies vor allem durch vielen und regen Sex, wofür Bonobos bekannt sind. Der amerikanisch-niederländische Primatologe Frans de Waal[1] erklärt, dass Sex bei Affen häufig dazu dient, Beziehungen zu verstärken und Spannungen zu lösen – wie eine Art Versöhnung, ein genitales Händeschütteln. Außerdem wird der Sex auch regelmäßig zwischen Weibchen praktiziert.

WEIBLICHE BONOBOS BEVORZUGEN SEXUELLE KONTAKTE UNTEREINANDER UND BINDEN SICH EMOTIONAL STÄRKER AN ANDERE WEIBCHEN.

FRANS DE WAAL

PRIMATOLOGE

1 *Der Unterschied. Was wir von Primaten über Gender lernen können*, Frans de Waal, übers. v. Claudia Arlinghaus, Klett-Cotta, 2022.

DAS HOKA-HOKA

Das Hoka-Hoka oder GG-Rubbing (für Genito-Genital-Rubbing) ist die häufigste Paarungsweise zwischen Weibchen.

Nach dieser Art des Geschlechtsverkehrs lässt sich eine Steigerung des Oxytocin-Spiegels — also der Menge der »Liebeshormone« — in ihrem Urin feststellen, welche nach heterosexuellem Verkehr nicht zu finden ist.

Aber es geht nicht nur um Sex in dieser Schwesternschaft. Erica van de Waal erzählt, dass die weiblichen Bonobos zudem sehr viel Zeit damit verbringen, zusammen zu spielen oder sich gegenseitig zu lausen. »Bei den Primaten ist das Putzen der anderen Gruppenmitglieder ein Mittel, um soziale Bindungen zwischeneinander zu schaffen. Und die hormonellen Untersuchungen haben gezeigt, dass das Gepflegtwerden, aber auch das Pflegen der anderen Glückshormone freisetzt«, so van de Waal.

NACH DEM LAUSEN:

(+) Oxytocin (»Liebeshormon«), das die Bindung verstärkt

(+) Beta-Endorphine, die entspannen und Schmerzen lindern

(+) »hausgemachte« Opioide, die unser Gehirn selbst erzeugt und die ein Gefühl der Entspannung, des Glücks und der Schmerzlinderung hervorrufen

Bonobos sind besonders sanftmütige, gefühlvolle und friedliebende Affen – das zeigt sich sogar zwischen unterschiedlichen Gruppen. »Es gibt keinen einzigen bestätigten Mordfall unter Bonobos, während dies bei den Schimpansen untereinander sehr oft vorkommt«, stellt Frans de Waal fest. Warum sich das Matriarchat hier stärker als bei anderen Spezies entwickelt hat, ist eines der Mysterien der Evolution. Erica van de Waal hat dennoch einen Erklärungsansatz: »Anders als es bei den meisten Primaten der Fall ist, verlassen die weiblichen Bonobos in einem jüngeren Alter die Gruppe, in der sie geboren wurden, um sich einer anderen anzuschließen. Daher pflanzen sie sich in der neuen Gruppe nicht direkt fort und isolieren sich auch nicht mit ihrem Baby. Die Weibchen haben so die Möglichkeit, viele verschiedene spielerische Verhaltensweisen auszuprobieren, insbesondere mit den anderen Weibchen der Gruppe. Und sie verbringen wirklich viel Zeit miteinander.«

UNSERE NÄCHSTEN VERWANDTEN HABEN SEHR UNTERSCHIEDLICHE PERSÖNLICHKEITEN. ES WIRD ANGENOMMEN, DASS UNSERE VORFAHREN SICH WIE SCHIMPANSEN VERHIELTEN, ABER DAS LIEGT AUCH DARAN, DASS DIESE ZUERST VON IHNEN ENTDECKT WURDEN. WÄREN WIR ZUERST AUF DIE BONOBOS GESTOSSEN, WÄREN DIESE UNSER HAUPTVORBILD GEWORDEN.

STELLT EUCH VOR, WAS FÜR FOLGEN DAS FÜR UNSERE VORSTELLUNG VON GESCHLECHTER-ROLLEN GEHABT HÄTTE!

FRANS DE WAAL
PRIMATOLOGE

BONOBOS SIND SEHR SENSIBEL

In der Nacht, in der die Alliierten München bombardierten, starben alle Bonobos des Zoos durch Herzinsuffizienz, weil sie so vor dem Lärm erschraken.

Kein anderer Menschenaffe des Parks starb in dieser Nacht.

Die Spezialistin erklärt, dass dieser Aufbau von Bindungen zwischen Weibchen bei den Bonobos eine völlig andere Sozialstruktur hervorgebracht hat, als bei anderen Menschenaffen beobachtet werden kann. »Bei den Schimpansen sind es die Männchen, die viel Zeit unter ihresgleichen verbringen. Die Weibchen sind eher Einzelgängerinnen und bleiben bei ihrem Nachwuchs. So ist es auch bei den Orang-Utan-Weibchen, die den Großteil ihres Lebens ganz allein verbringen, nur mit ihrem Kind. Und dann, wenn dieses Kind älter als fünf Jahre und das Weibchen wieder bereit zur Paarung ist, wird sie von den riesigen Männchen regelrecht gejagt und hat keine Wahl, mit welchem Individuum sie ihr nächstes Junges zeugen will.«

ICH DENKE, EIN BONOBO ZU SEIN IST TROTZDEM EIN BISSCHEN ANGENEHMER.

ERICA VAN DE WAAL
PRIMATOLOGIN

Eine wirklich gute Sache am Bonobosystem ist, dass die Weibchen wählen können, mit wem sie sich fortpflanzen wollen. So haben sie die Möglichkeit, Geschechtsverkehr abzulehnen – was selbst in der menschlichen Gesellschaft gar nicht immer so selbstverständlich ist. Aber um zu den Bonobos zurückzukommen: Erica van de Waal fügt hinzu, dass das System auch dank der Erziehung der männlichen Jungen so gut funktioniert: »Die Mütter scheinen dabei eine wichtige Rolle zu spielen, denn sie verbringen viel Zeit mit ihren Söhnen – und vor allem damit, sie in die Schranken zu weisen.«

Dazu kann ich leider nicht viel beitragen, denn ich habe nur Töchter. Aber dank ihnen habe ich einen Doktortitel in der Läusejagd und ich lasse gern alle, die es möchten, davon profitieren.

UND SIE, MEINE HERREN, KÖNNEN SICH JEDERZEIT SELBST KRATZEN, IHRE ARME SIND JA LANG GENUG.

PATRIARCHAT:
DER
WIDERSTAND
FORMIERT SICH.

3. Frauen sind keine Minderheit

Als der französische Journalist Jean-Michel Quatrepoint sein Buch *Délivrez-nous du bien! Halte aux nouveaux inquisiteurs*[1] veröffentlichte, lud ihn der Radiosender, bei dem ich arbeite, ein, um darüber zu sprechen. Das Buch handelt von der Schreckensherrschaft der Minderheiten, die das Leben der anderen mit ihren Forderungen vergiften – und vor allem vom inklusiven Schreiben mit seinen Doppelpunkten und Sternchen überall.

Unter den Minderheiten, die Monsieur Quatrepoint zitierte, waren auch die Frauen. Das hat mich dazu inspiriert, einen kleinen demografischen Abgleich in den Excel-Tabellen der UNO zu machen. Auf der Erde gibt es tatsächlich mehr Männer als Frauen: Laut einer Statistik der Vereinten Nationen[2] aus dem Jahr 2022 kommen auf 100 Frauen 101,1 Männer (eine weniger binäre Unterteilung der Menschen findet ihr im nächsten Kapitel). Das sieht vielleicht nach nichts aus, aber im globalen Maßstab sind es immerhin etwa 44 Millionen Männer mehr.

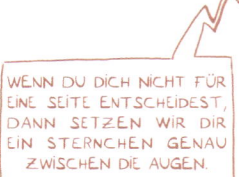

WENN DU DICH NICHT FÜR EINE SEITE ENTSCHEIDEST, DANN SETZEN WIR DIR EIN STERNCHEN GENAU ZWISCHEN DIE AUGEN.

IN DEN TABELLEN DER UNO GIBT ES KEINE SPALTE FÜR INTERSEXUELLE PERSONEN – NICHT BESONDERS ÜBERRASCHEND.

AMNESTY INTERNATIONAL ZUFOLGE MACHEN SIE ABER ETWA 1,7 % DER GEBURTEN AUS.

DAS ENTSPRICHT UNGEFÄHR DER ANZAHL ROTHAARIGER MENSCHEN AUF DER WELT.

---

1 Bedeutet so viel wie: *Befreit uns vom Guten! Stoppt die neuen Inquisitoren!* Verfasst in Zusammenarbeit mit Natacha Polony, einer weiteren französischen Journalistin, und erschienen im September 2018 im Verlag Éditions de l'Observatoire.
2 *World Population Prospects*, Vereinte Nationen, 2022.

NATÜRLICHERWEISE MÜSSTEN 105 KLEINE JUNGEN BEI 100 KLEINEN MÄDCHEN GEBOREN WERDEN, NACH DER BIOLOGISCHEN REGEL.

ABER MOMENTAN SIND ES IM GLOBALEN VERGLEICH EHER 107, DA IN MANCHEN LÄNDERN, WIE ETWA CHINA, EINE ART AUSLESE DER EMBRYONEN DURCH ABTREIBUNG VORGENOMMEN WIRD.

PHILIPPE WANNER

DEMOGRAF

Philippe Wanner, Demograf an der Universität Genf, erklärt, dass dieses Ungleichgewicht dadurch entsteht, dass fortwährend ein wenig mehr Männer als Frauen geboren werden: 105 kleine Jungen bei 100 kleinen Mädchen. Das ist der Grund dafür, dass es in Ländern mit einer jungen Bevölkerung, einer hohen Geburtenrate und einer geringeren Lebenserwartung als anderswo einen größeren Anteil an Männern gibt. So ist es zum Beispiel in den meisten Ländern der Sahelzone. Die Ursache dafür, dass mehr Jungen als Mädchen geboren werden, ist nicht so recht bekannt, aber es wird angenommen, dass es mit der Widerstandsfähigkeit der Embryonen in der Gebärmutter zu tun hat. »Genauer gesagt ist der männliche Fötus resistenter als der weibliche«, erklärt Philippe Wanner, »aber nach der Geburt ist es dann umgekehrt: Mädchen und Frauen sind wicerstandsfähiger als Jungen und Männer.«

Daraus folgt: Je mehr die Lebenserwartung steigt, in desto mehr Regionen kehrt sich die Aufteilung um. »In den nördlichen Ländern, wie den USA oder den Staaten der ehemaligen Sowjetunion, lässt sich beobachten, dass es mehr Frauen gibt, weil sie länger leben. Es handelt sich dabei um Länder mit einem höheren Altersdurchschnitt und einem relativ großen Unterschied in der Lebenserwartung zwischen Männern und Frauen, weshalb Letztere in der Überzahl sind.«

DAS GESCHLECHTERVERHÄLTNIS

In der Golf-Region ist das Verhältnis unausgeglichen wegen der großen Anzahl an Gastarbeitern, die ohne ihre Familie aus dem Ausland kommen, um zu arbeiten. In Katar gibt es 300 Männer bei 100 Frauen, während in Nepal — einem Auswanderungsgebiet — weniger als 85 Männer auf 100 Frauen kommen.

KEINE ANGABEN

GRÖSSERE ANZAHL AN MÄNNERN

50 %

GRÖSSERE ANZAHL AN FRAUEN

QUELLE: UNO/OURWORLDINDATA

In Russland werden bei 100 Frauen 87 Männer gezählt. Und bei den über 65-Jährigen ist das Verhältnis noch spektakulärer: Da gibt es zweimal so viele Frauen wie Männer. »Das erklärt sich ganz einfach dadurch, dass die Männer Verhaltensweisen an den Tag legen, die in Bezug auf die Gesundheit nicht angemessen sind; das betrifft unter anderem den Alkoholkonsum«, fährt der Demograf fort. »Daraus folgt, dass die durchschnittliche Lebenserwartung eines russischen Mannes bei 65 Jahren liegt, während eine russische Frau zehn Jahre länger lebt.« In Russland ist dieser Unterschied besonders beachtlich, aber er findet sich in geringerem Maße in allen Ländern wieder, in denen die Menschen lange leben. Andere Faktoren tragen sicherlich auch dazu bei (siehe Kapitel 22), aber was Phillippe Wanner erwähnt, ist meines Erachtens einer der versteckten Tribute, den die Männer dem Patriarchat zollen, ohne sich dessen überhaupt bewusst zu sein. Durch den Ich-fahre-betrunken, Wir-hauen-uns-auf-die-Schnauze und Ich-gehe-nicht-zum-Arzt-denn-ich-bin-ein-echter-Mann-Überlegenheitskomplex.

Wie dem auch sei. In Frankreich, Jean-Michel Quatrepoints Heimat, gibt es 2,1 Millionen[3] mehr Frauen als Männer – das entspricht der Bevölkerung von Paris. Ja, es stimmt, dass die inklusive Schreibweise – mit all diesen Punkten und Doppelpunkten und Strichen und Sternchen – kompliziert ist.[4] Aber wir könnten uns die Aufgabe erleichtern, indem wir alles automatisch ins Neutrum setzen. Nichts für ungut, das würde uns ja trotzdem nicht davon abhalten, uns ernsthaft mit den Forderungen der männlichen Minderheit zu beschäftigen.

3 Am 1. Januar 2022, laut dem nationalen Institut für Statistik und Wirtschaftsstudien.
4 Oder sogar gefährlich, wenn wir dem französischen Senat glauben, der im Oktober 2023 einen Gesetzesentwurf vorgelegt hat, um die französische Sprache vor dieser furchtbaren Bedrohung zu schützen.

4. Geschlecht, Binarität und Zuordnungsprobleme

Im vorherigen Kapitel haben wir ein bisschen Höhlenforschung in den statistischen Abgründen der Anzahl von Männern und Frauen in den verschiedenen Regionen der Welt betrieben. Sie stehen fein säuberlich geordnet in den gigantischen Exceltabellen der UNO.[1] Das ergibt schöne, wohlgeordnete Spalten, aber in der Wirklichkeit herrscht weniger Disziplin.

Wie ich in der Einleitung betont habe, presst die Wissenschaft Dinge gern in Schubladen. Das Problem daran ist, dass dadurch oft wie mit dem Lineal Grenzen zwischen Individuen gezogen werden – und zwar mit ungefähr so viel Feingefühl, wie die europäischen Eroberer jene zwischen Mauretanien und Mali abgesteckt haben. Diese Grenzen scheinen unüberwindbar, vor allem dann, wenn sie lateinische Namen tragen, wie das zum Beispiel bei Artenbezeichnungen der Fall ist. Nur dass die Schubladen eben nicht ganz so fest verschlossen sind, wie die Theorie es uns gern glauben lässt: Es gibt Wolf-Hund-Mischlinge und Kreuzungen aus Haus- und Wildschweinen. Auch wir sind Hybride, denn ein Großteil der Menschen stammt von einer Mischung aus Homo sapiens und Neandertalern oder aber auch von einer anderen, verschwundenen Population namens Denisova ab.

EINE ART BZW. SPEZIES IST EINE GRUPPE VON INDIVIDUEN, DIE SICH UNTEREINANDER FORTPFLANZEN UND LEBENSFÄHIGE, FRUCHTBARE NACHKOMMEN ZEUGEN KÖNNEN.

1 *World Population Prospects*, Vereinte Nationen, 2022, siehe Kapitel 3.

EINE KREUZUNG VON HAUS- UND WILDSCHWEIN: WAS ES NICHT ALLES GIBT!

IN UNSERER DNA

Außerhalb von Afrika haben die meisten von uns ein Stück Neandertaler in denjenigen Genen, die zum Beispiel mit den Haaren, der Haut und der Anfälligkeit für manche Krankheiten zu tun haben.

Es scheint auch einen Einfluss der Neandertaler auf Menschen zu geben, die Frühaufsteher sind.

Was die Denisova-Populationen betrifft, so haben sie den Tibeter:innen DNA vererbt, die eine bessere Anpassung an die Höhe ermöglicht.

Teile des Denisova-Genoms verstärken außerdem das Immunsystem der Menschen in gewissen Teilen der Welt, vor allem in Papua-Neuguinea.

Im fröhlichen Durcheinander des Lebens ist das Geschlecht eines dieser Dinge, die sich nur schwer in vorgefertigte Schubladen stecken lassen. Zunächst einmal müssen wir uns darauf einigen, was überhaupt unter »Geschlecht« zu verstehen ist. Selbst wenn wir uns auf das biologische Geschlecht beschränken, gibt es keine Eindeutigkeit, da zwischen chromosomalem Geschlecht, Gonadengeschlecht, hormonellem Geschlecht und genitalem Geschlecht unterschieden wird und diese nicht unbedingt alle aufeinander abgestimmt sind.

Bei den Menschen wird bei der Geburt, oder sogar schon vorher, beim Ultraschall, meist als Allererstes ein Blick zwischen die Beine des Kindes geworfen, um festzulegen, ob es sich um einen Jungen oder um ein Mädchen handelt. Übrigens scheinen auch die anderen Affen den Genitalien der Neugeborenen besondere Aufmerksamkeit zu widmen; diese können jedoch täuschen. Bei mehreren Tierarten, wie dem Maulwurf oder der Tüpfelhyäne, ist die Anatomie der Weibchen in dieser Hinsicht uneindeutig. Und zwar uneindeutig genug, um als »phallisch« beschrieben zu werden, wie die Zoologin Lucy Cooke in ihrem Buch *Bitch – Ein revolutionärer Blick auf Sex, Evolution und die Macht des Weiblichen im Tierreich*[2] betont. Denn: Bei den männlichen Delfinen und Walen liegen die Hoden aus Gründen der Aquadynamik in der Bauchhöhle und der Penis sogar in einem Schlitz, der mit einer Art Lippen bedeckt ist.[3]

OFTMALS VERSAMMELN SICH DIE AFFENWEIBCHEN UM JUNGE MÜTTER UND SPREIZEN DIE BEINE DER ZAPPELNDEN KINDER.

SIE TASTEN, ZIEHEN UND SCHNÜFFELN AN DEM, WAS DA DAZWISCHEN IST. DANN STIMMEN SIE ZU EINEM GRUNZENDEN UND SCHNALZENDEN CHOR AN, FAST SO, ALS WÄREN SIE SICH ÜBER DIE WICHTIGKEIT DES KÖRPERTEILS EINIG.

FRANS DE WAAL

PRIMATOLOGE

WEIBLICHE KLAMMERAFFEN HABEN ZUM BEISPIEL EINE DEUTLICH SICHTBARE KLITORIS, DIE HERABHÄNGT UND IN BIOLOGISCHEN KREISEN ALS »PSEUDO-PENIS« BEZEICHNET WIRD.

EIN ETWAS ÄRGERLICHER ANDROZENTRISMUS, VOR ALLEM WENN WIR BEDENKEN, DASS DER »FALSCHE« PHALLUS DES WEIBCHENS LÄNGER IST ALS DER »ECHTE« PHALLUS DES MÄNNCHENS.

LUCY COOKE

ZOOLOGIN UND REGISSEURIN

2 Im Original: *Bitch, a Revolutionary Guide to Sex, Evolution and the Female Animal*, Ed. Random House UK, 2022. Deutsche Fassung: übers. v. Susanne Warmuth und Jorunn Wissmann, Malik, 2023.
3 *Sexesss: Mein Körper unter der Lupe – unser biologisches Geschlecht und wie es entsteht*, Université de Genève, 2021.

In unserer Spezies verrät das zwischen unseren Beinen nicht unbedingt etwas über unsere Gene. Personen, die zwei X-Chromosomen tragen, sind biologisch gesehen weiblich, und Personen mit einem X- und einem Y-Chromosom männlich. Anfang des 20. Jahrhunderts wurde diese Theorie von Nettie Stevens entwickelt und brachte bloß ihrem Doktorvater einen Nobelpreis ein (Kapitel 15).

Auszüge aus Nettie Stevens' Tafeln zur Entstehung der Fortpflanzungszellen bei Mehlwürmern, die es ihr ermöglicht haben, die Rolle der Chromosomen in der Bestimmung des biologischen Geschlechts zu erfassen.

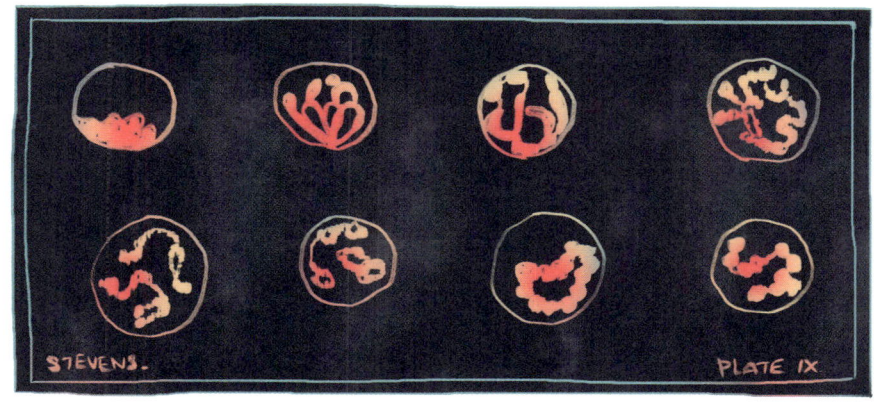

STEVENS. PLATE IX

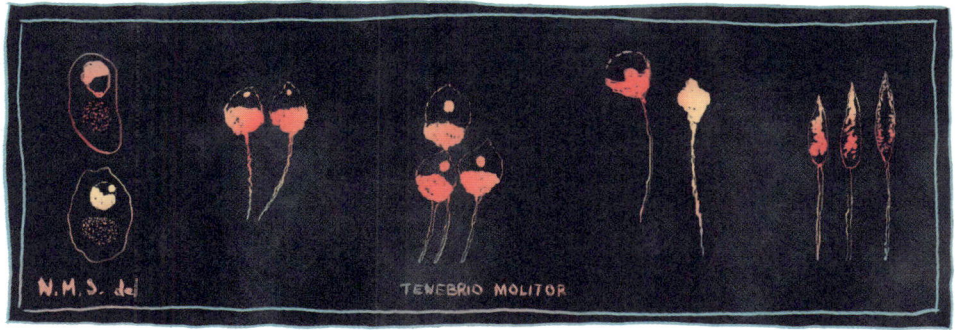

N.M.S. del TENEBRIO MOLITOR

Es gibt aber auch Menschen, die lediglich ein X-Chromosom haben, und Personen mit drei oder vier davon. Andere aber prägt das XXY, XYY oder XXYY-Chromosom. Es gibt auch Individuen, die gar keine als »weiblich« oder »männlich« bezeichneten Hormone produzieren, oder diese zwar produzieren, aber nicht die notwendigen Rezeptoren besitzen, um sie zu verarbeiten.

ist ein Drittel so groß wie das X-Chromosom und enthält viel weniger Gene.

Y-CHROMOSOM

Wissenschaftler:innen fragen sich, ob es vielleicht auf dem Weg der Degeneration ist, da es sich nicht mit dem X-Chromosom vermischen kann aufgrund Unterschiedlichkeit.

X-CHROMOSOM

Daraus folgt, dass am Ende der Embryonalentwicklung die äußeren Organe, die inneren Organe, der Hormonmix und die Chromosomen nicht immer in die gleiche Schublade passen. Es gibt sehr große Klitoris, Mikropenisse, Keimdrüsen mit einer Mischung aus Eierstock- und Hodengewebe, Hoden, die innerhalb des Körpers liegen, und Sackgassen-Vaginas, die zu keiner Gebärmutter führen. Individuen mit zwei X-Chromosomen können von außen betrachtet völlig »vermännlicht« und solche mit einem X- und einem Y-Chromosom ganz »verweiblicht« sein. Manchmal bemerken diese Menschen erst, wenn sie Kinder haben wollen, dass ihr chromosomales Geschlecht nicht mit ihren äußerlichen Geschlechtsmerkmalen übereinstimmt. Diese inneren »Abweichungen« führen in der Regel zu Fruchtbarkeitsproblemen.

Bei einigen Reptilien-, Fisch- und Amphibienarten hängt die geschlechtliche Unterscheidung gar nicht mit den Genen oder den Chromosomen zusammen, sondern mit Umweltfaktoren. Wesentlich sind dabei der Salzgehalt und PH-Wert des Wassers, die Sonneneinstrahlung, die Ernährung, die Bevölkerungsdichte oder das Verhältnis zwischen Weibchen und Männchen in der betreffenden Population. Bei den Schildkröten, die ihre Eier im Sand vergraben, entwickeln diejenigen, die bei weniger als 27 °C ausgebrütet werden, Hoden und die bei über 31 °C Eierstöcke. Liegt die Bruttemperatur dazwischen, so können aus den Eiern sowohl Männchen als auch Weibchen schlüpfen. Dieses System leidet unter dem Klimawandel, da das Gleichgewicht bei der Geschlechterverteilung dadurch durcheinandergebracht wird. Im August 2022 meldete eine Schildkrötenschutzorganisation in Florida, dass Wissenschaftler:innen seit 2019 so gut wie keine männlichen Jungtiere in der Region gefunden haben.

Der Großteil der Pflanzen und der Weichtiere sind hermaphrodit. Auch mehrere Arten von Fischen und Fröschen wechseln ihr Geschlecht im Laufe ihres Lebens. Manche werden als Männchen geboren und sterben als Weibchen, oder umgekehrt. Da diese Fluidität schon seit Millionen von Jahren besteht, schätzen Spezialist:innen, dass sie aus evolutionärer Sicht Vorteile haben muss und dadurch die Überlebenschancen dieser Arten erhöht (siehe Kasten).

DIE EVOLUTIONSTHEORIE: KURZE AUFFRISCHUNG

Die – geniale – Idee, die Charles Darwin im Jahre 1859 in *Die Entstehung der Arten durch natürliche Zuchtwahl* dargelegt hat, besteht darin, dass Lebewesen sich durch Zufall, Mutationen und Kopierfehler weiterentwickeln. Dies führt dazu, dass jedes ein ganz kleines bisschen anders als seine Vorfahren ist. Gesteuert wird diese Evolution durch den Druck, den die Umwelt auf sie ausübt. Gereicht ein Merkmal einem Individuum in einer bestimmten Umgebung zum Vorteil, so haben die verantwortlichen Gene eine größere Chance, an die folgenden Generationen weitervererbt zu werden und sich dadurch auszubreiten. Mit dem Begriff des Vorteils ist der Erfolg der Vererbung bei der Fortpflanzung gemeint: Entweder verstärkt das besondere Merkmal die Überlebenschancen des Individuums oder es erhöht die Aussichten darauf, Fortpflanzungspartner:innen zu finden und möglichst viele Nachkommen zu zeugen. Das ist die Erklärung dafür, dass die Tier- und Pflanzenwelt über einen riesigen Zeitraum hinweg so vielfältig geworden ist und sich an so unterschiedliche Umgebungen angepasst hat – wie an die Bar mit Wettbüro in meiner Straße oder Unterwasserschlote, die in mehreren tausend Metern Tiefe heiße, stinkende Flüssigkeiten ausstoßen.

Bei der Betrachtung dieses großen Mosaiks kommt die Frage auf, was überhaupt unter männlich und weiblich zu verstehen ist. Die Biologie hat grob gesagt entschieden, dass Weibchen diejenigen Individuen sind, die die größten Fortpflanzungszellen haben: die Eizellen nämlich, im Vergleich zu den Samenzellen. Wahrscheinlich ist das auch das Urgeschlecht, das schon ganz allein Eier produzierte, bevor es vor einigen hundert Mil ionen Jahren zur sexuellen Fortpflanzung kam. Dann haben sich die Größe der Keimzellen auseinanderentwickelt und damit betraten die Männchen die Bühne. Na ja gut, es geht ja nicht darum, sich damit zu brüsten, dass wir als Erste da waren – obwohl, doch, ein bisschen schon, aber ich hab ja nicht angefangen!

DA LIESS GOTT, DER HERR, EINEN TIEFEN SCHLAF AUF DEN MENSCHEN FALLEN, UND SO SCHLIEF DER LETZTERE EIN. DANN NAHM ER EINE SEINER RIPPEN UND SCHLOSS DIE STELLE MIT FLEISCH.

UND GOTT, DER HERR, BAUTE EINE FRAU AUS DER RIPPE, DIE ER VON DEM MENSCHEN NAHM, UND BRACHTE SO DIE FRAU ZU IHM.

Die Eizellen sind die größten Zellen des menschlichen Körpers. Sie haben einen Durchmesser von 0,1 bis 0,2 mm.

Dass sie so groß sind, liegt daran, dass sie Nährstoffe und Energiekraftwerke enthalten, die für das Wachstum der Embryonen benötigt werden.

Spermien hingegen gehören zu den kleinsten Zellen des menschlichen Körpers. Sie sind etwa 10.000 Mal kleiner als die Eizellen.

Letztendlich können wir uns die Frage stellen, worin überhaupt der Sinn daran besteht, alles klassifizieren und labeln zu wollen. Vor allem, wenn die unendlich vielen Feinheiten der geschlechtlichen Identität dazukommen, denn jede:r hat einen Platz irgendwo zwischen den beiden Polen, an dem er oder sie sich am wohlsten fühlt. Sicherlich gibt es gute Gründe dafür, die Dinge, Schmetterlinge, Individuen und Sterne ordnen zu wollen, beginnend mit dem Versuch, sie zu benennen. Aber sagen wir mal so: Bei all dieser Diversität ist es normal, dass ein binäres System ein paar Problemchen bei den Zuordnungen hat.

Etwas so Ungestümes wie die Natur in starre Schubladen stecken zu wollen kann schon ein bisschen einengend sein, vor allem für diejenigen, die sich nah an der Kante, auf der Kante oder auf der »falschen« Seite der Kante befinden. Vielleicht würde es sich ja lohnen, die Schubladen ein wenig zu öffnen, damit Luft zum Atmen hineingelangt. Vielleicht sogar so weit, dass auch ein Blick über den Rand hinaus möglich ist.

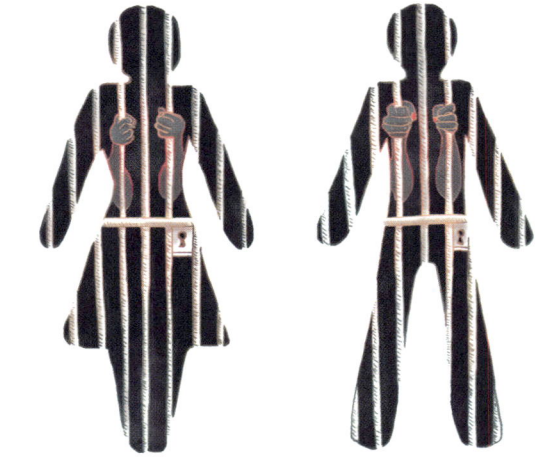

5. Tierische Strategien gegen Belästigung

Eines Tages las ich einen Artikel über Workshops zum Kampf gegen Belästigung auf der Straße. Dabei dachte ich mir, dass es sich lohnen könnte, ein paar Dinge bei unseren Freundinnen aus der Tierwelt abzuschauen. Ich wurde wirklich nicht enttäuscht: Weil Belästigung auf dem Meeresgrund, im Dschungel oder auf den Alpen echt ätzend sein kann, haben sie ein wahrhaftes Arsenal an Gegenangriffen entwickelt.

Bei Schwester Oktopus zum Beispiel wird mit Sachen geschmissen – mit Sand, Algen, Muscheln ... Na ja, Sachen zu schmeißen ist nicht total ungewöhnlich im Tierreich, aber Sachen auf Individuen der eigenen Art zu schmeißen, das ist extrem selten. Den Filmaufnahmen eines Teams der Universität Sydney[1] zufolge stoßen Kraken üblicherweise einen Wasserstrahl aus, mit dem sie ein Geschoss von sich wegtreiben können. Aber Wissenschaftler:innen haben auch beobachtet, wie ein weiblicher Krake mit seinen Tentakeln eine Muschel wie ein Frisbee auf einen männlichen geworfen und voll ins Schwarze getroffen hat.

Ich persönlich finde die Idee, mit Tellern nach Belästiger:innen zu werfen, echt super, aber ich hab leider nie im richtigen Moment welche dabei. Aber es kann im Nachhinein immer noch hilfreich sein, Teller zu werfen, um die Nerven zu beruhigen. Tatsächlich scheint es so, dass Oktopusse beider Geschlechter nach Phasen ausgeprägter sozialer Interaktion gerne mal mit Dingen um sich werfen, aber in diesem Fall ohne bestimmtes Ziel – wie ein gewisser männlicher Krake, der, nachdem er von einem Weibchen abgewiesen wurde, eine Muschel ins Leere geworfen und die Farbe gewechselt hat.

1 *In the Line of Fire: Debris Throwing by Wild Octopuses*, BioRxiv, 19. August 2021.

50 SHADES OF KRAKENSTIMMUNG

Kraken, die eine dunkle oder eintönige Farbe annehmen, sind aggressiver und »schmeißen Sachen« mit größerer Heftigkeit.

im »blass mit dunklen Augen«-Modus werden die Geschosse mit dem wenigsten Elan geschleudert.

Die gefleckte Phase wird mit ein wenig sanfteren Würfen in Verbindung gebracht.

Na ja, das ist vielleicht seine Art zu schmollen, aber bei den weiblichen Weißnackenkolibris – großen amerikanischen Kolibris – ist die Auswahl einer anderen Farbgebung eine ganz eigene Anti-Belästigungs-Strategie. Für gewöhnlich sind die Weibchen pastellgrün gefärbt, während die Männchen einen leuchtend blauen Kopf haben. Zumindest auf den ersten Blick: Auf den zweiten wird klar, dass ein Teil der Individuen, die dieses leuchtende Federkleid tragen, eigentlich Weibchen sind – Spioninnen sozusagen. Und scheinbar werden diese Weibchen wesentlich weniger belästigt als die anderen.[2]

Vielleicht haben einige von ihnen schlussendlich einen männlichen Look angenommen, weil sie sich anhören mussten, dass sie die Aufmerksamkeit verdient hätten aufgrund ihres pastellgrünen Gefieders. Schließlich ist das ja eine Provokation. Vielleicht sollten wir weiblichen Menschen darüber nachdenken, uns einen Bart wachsen zu lassen, zumal es uns wahrscheinlich auch noch ein höheres Gehalt einbringen würde.

WAS SIND DEINE PRONOMEN?

Typische Farbgebung der Weibchen, glaubt man.

Federkleid der Männchen und einiger Weibchen.

2 Male-like ornamentaticn in female hummingbirds results from social harassment rather than sexual selection, Current Biology, 26. August 2021.

DIE SEXUELLE SELEKTION IST EIN MECHANISMUS, DEN CHARLES DARWIN VORGESCHLAGEN HAT, UM BESTIMMTE EIGENSCHAFTEN ZU BESCHREIBEN, DIE NICHT UNBEDINGT VORTEILHAFT SIND IN HINBLICK AUF DAS ÜBERLEBEN. ZUM BEISPIEL DAS SONST UNERKLÄRBAR LEUCHTENDE FEDERKLEID EINIGER VÖGEL ODER DAS GEWEIH DER HIRSCHE. DIESE ERSCHEINUNGSBILDER BLEIBEN ABER BESTEHEN, WEIL SIE FORTPFLANZUNGSPARTNER:INNEN ANLOCKEN.

TJA, ALSO ICH BETREIBE SEXUELLE DESELEKTION.

Auf der Suche nach weniger invasiven Strategien gibt es auch immer noch die Flucht. Und zwar die perfektionierte Flucht, wie bei den Guppys, diesen kleinen tropischen Fischen. In der Trockenzeit werden die Weibchen manchmal auf ganz kleinen Wasserflächen in die Enge getrieben, und das mit besonders lästigen Männchen. Stellt euch nur mal diesen Bubble-Belästigungs-Albtraum vor, und das auch noch auf engstem Raum! Kurz gesagt ändern die Weibchen nach einigen Monaten scheinbar ihre Schwimmtechnik: Sie lernen, ihre Brustflossen zu benutzen, um schneller zu schwimmen. Das Ganze geschieht, ohne mehr Energie als vorher zu verbrauchen, so als ob sie mal eben den Super-Turboantrieb aktiviert hätten.

Es gibt auch solche, die sich totstellen, wie die Alpenlibellen. Um bestimmte Männchen zu meiden, täuschen sie einen Absturz vor und fallen zu Boden, die Beine in der Luft, bevor sie dann weiterfliegen, wenn die Luft rein ist.

Und dann sind da noch diejenigen, die chemische Waffen einsetzen, quasi ein besseres Pfefferspray. Wie etwa die Australischen Gespenstschrecken, die eine antiaphrodisierende Substanz absondern. Vielleicht wäre bei uns ja ab und zu mal ein bisschen Bromid auf die Haferflocken zu streuen die Lösung für zwei, drei Problemchen. Es bleibt abzuwarten, auf wessen Müsli, aber die Australischen Gespenstschrecken sind da auf jeden Fall nicht gerade zimperlich. Die Abwehr geht so weit, dass sie, wenn sie fortpflanzungsbereit sind, auch imstande sind, dies durch Jungfernzeugung zu bewerkstelligen, also ganz allein, ohne Männchen. Und bei der Wahl zwischen der sexuellen und der asexuellen Fortpflanzung scheinen sie eine deutliche Präferenz für die Do-it-yourself-Variante zu haben.

Also, wir können in diesem Bereich zwar nicht völlig ohne Männchen auskommen, aber die Wissenschaft schreitet voran: Wir nähern uns Schritt für Schritt (siehe Kapitel 24). Doch bevor wir zu Bromid greifen, Teller schmeißen oder die Jungfernzeugung in Betracht ziehen, könnten wir ja den Belästigern erst mal beibringen, sich richtig zu verhalten.

6. Der Mythos des prüden Weibchens

Im vorangegangenen Kapitel haben wir uns angeschaut, wie unsere Schwestern aus anderen Arten gegen sexuelle Belästigung kämpfen. Das zieht eine Frage nach sich – also, auf jeden Fall stelle ich sie mir –, und zwar, ob es bei anderen Tieren Weibchen gibt, die Männchen sexuell belästigen. Nicht weil ich Rachegelüste hege, sondern weil ein Pfeiler der Theorie zu den Geschlechterbeziehungen wegbricht, wenn das der Fall ist. Es ist nämlich ein alter wissenschaftlicher Grundsatz, der sich hartnäckig hält und als Rechtfertigung für alles Mögliche herhalten muss: der Mythos des prüden Weibchens und des umtriebigen – wenn nicht sogar unkontrollierbaren – Männchens.

Die Idee dahinter ist, dass der Mann darauf programmiert ist, sein Sperma überall zu verteilen. Viele sexuelle Beziehungen zu haben kostet ihn nicht viel und er stellt auf diese Weise sicher, dass er seine Gene so weit wie möglich verbreitet. Die Theorie besagt nicht, dass er das bewusst macht, sondern dass diejenigen, die sich so verhalten, am Ende auch die sind, die dabei Erfolg haben. Also er berechnet nicht mitten im Koitus seine Chancen, wie er bestmöglich den Markt mit seiner wertvollen DNA überschwemmen kann. Dann tendieren auch die Nachkommen dazu, das ebenfalls zu tun, weil diese Fortpflanzungsstrategie ja in den Genen liegt.

NA JA, DAS IST ABER AUCH EIN BISSCHEN VEREINFACHEND, ODER?

Aber Achtung, das gilt ja nur für seine männlichen Nachfahren. Die andere Seite der Theorie hebt hervor, dass die Eizellen der Frau in wesentlich begrenzterer Anzahl verfügbar sind. Die Fortpflanzung kommt sie deshalb teurer zu stehen – in Bezug auf die Kraft und sogar auf das Überleben (schließlich setzen manche bei jedem neuen Sprössling ihr Leben ein wenig aufs Spiel, Kapitel 11). Sie soll also »von Natur aus« zur Tugend neigen. Wenn sie Sex hat, dann allein, um sich fortzupflanzen, und auch das nur sparsam, damit sie mehr in ihre wertvollste Anlage – äh, sorry, in ihr Kind – investieren kann.

> WENN DIE SEXUALITÄT DER FRAUEN VON NATUR AUS ZUR TREUE NEIGT, WIESO WIRD SIE DANN KULTURELL SO STARK KONTROLLIERT?

SARAH BLAFFER HRDY
ANTHROPOLOGIN UND SOZIOBIOLOGIN

Wie die Zoologin Lucy Cooke in *Bitch – Ein revolutionärer Blick auf Sex, Evolution und die Macht des Weiblichen im Tierreich*[1] feststellt, ist es schon merkwürdig, wie haargenau diese Annahme der zeitgenössischen Stellung von Mann und Frau entspricht. Die Theorie kommt aus dem viktorianischen England des späten 19. Jahrhunderts, von Charles Darwin höchstpersönlich. Für den berühmten Naturforscher lag diese Rollenaufteilung zwischen paarungsgierigen Männchen und widerwilligen Weibchen darin begründet, dass die Spermazellen beweglich sind und die Eizellen nicht. In seinen Augen brachte dies mehr Aktivität auf der männlichen und mehr Passivität auf der weiblichen Seite mit sich.

> ERKLÄRT DIESES PASSIVITÄTSDING MAL EINER TÜPFELHYÄNE, DIE NÄMLICH WEIBLICH UND ZUGLEICH DOMINANT IST, UND SIE WIRD EUCH INS GESICHT LACHEN. NACHDEM SIE EUCH ZERFLEISCHT HAT, NATÜRLICH.

LUCY COOKE
ZOOLOGIN UND REGISSEURIN

1 Lucy Cooke, ebd.

Die Dinge so darzustellen hat mir schon oft den unangenehmen Eindruck vermittelt, dass es beim heterosexuellen Sex zwingend einen Gewinner und eine Verliererin geben muss. Es kommen auch zwei, drei mathematische Probleme auf. »Dieses biologische Gesetz hat mir seit jeher Kopf- (und Herz-)Schmerzen bereitet«, meint die Zoologin Lucy Cooke. »Wie kann eines der beiden Geschlechter so sexuell aktiv und das andere so keusch sein? Mit wem sollten die Männchen denn überhaupt kopulieren, wenn die Weibchen alle so prüde wären?« Es wäre natürlich auch vorstellbar, dass sie diesen Überfluss an Geschlechtstrieb untereinander regeln, aber es gibt offenbar auch einige Weibchen, denen da niemand Bescheid gesagt hat. Die Hühner vor allem, zu denen Aristoteles vor bereits 2.300 Jahren notierte, dass sie sich damit abmühen, mit mehreren Hähnen gleichzeitig zu schäkern.

Aristoteles war nicht nur ein großer Denker, sondern auch ein großer Beobachter von Hühnern und der Natur im Allgemeinen. Dadurch ist er zu allen möglichen Schlussfolgerungen gelangt, zum Beispiel zu der Tatsache, dass eine sexuell aktivere Person schneller ihre Wimpern verliert. Oder auch, dass männlich = gut und weiblich = schlecht ist.

VIELES, WAS MAN ÜBER DIE WEIBLICHE LUST SAGT, MUSS NEU ÜBERPRÜFT WERDEN. DIE GESELLSCHAFT ERLEGT DEN BEIDEN GESCHLECHTERN DERART UNTERSCHIEDLICHE STANDARDS AUF, DASS STUDIEN NICHT EINFACH SO AKZEPTIERT WERDEN.

SCHLAMPE.

WEIBERHELD.

SCHÄTZUNGEN EINER AMERIKANISCHEN STUDIE ZUFOLGE HABEN MÄNNER DURCHSCHNITTLICH 12,3 PARTNER:INNEN UND FRAUEN 3,3. DIE GLEICHEN PROPORTIONEN LASSEN SICH AUCH IN ANDEREN LÄNDERN WIEDERFINDEN. ABER MIT EINER GESCHLECHTERVERTEILUNG VON 1:1 IST DAS GAR NICHT MÖGLICH.

DER WAHRE URSPRUNG DES PROBLEMS IST FEHLENDE EHRLICHKEIT.

FRANS DE WAAL

PRIMATOLOGE

Aber auch heute noch ist es schwierig, die Erlasse des erlauchten Charles Darwin infrage zu stellen. Zumal der Genetiker Angus John Bateman 1948 den Versuch unternahm, die ganze Sache experimentell zu beweisen. Dafür organisierte er eine Reihe an Dates von mutierten Drosophila-Fliegen unter einer Glasglocke. Die Mutationen waren ziemlich offensichtlich: Sie hatten etwa winzige Köpfe oder besonders behaarte Flügel. Zu der Zeit gab es noch keine Vaterschafts- bzw. Mutterschaftstests und Angus Bateman wollte allein durch das Beobachten der nächsten Generation herleiten können, wie viele Nachkommen jedes Individuum hatte.

Er erstellte eine Grafik, die den Fortpflanzungserfolg abbildete, das heißt die Anzahl der Sprösslinge jeder Fliege, abhängig von der Anzahl der Kopulationen. Die Kurven zeigten: Je häufiger ein Männchen sich gepaart hatte, desto mehr Nachkommen hatte es. Währenddessen die Weibchen – jedenfalls in Bezug auf die Fortpflanzung – nicht viel Erfolg dabei hatten, sich mit mehr als einem oder zwei Männchen zu paaren.

Obwohl er seine Behauptungen nicht weiter testete als an der Fliege, schätzte der Genetiker, dass seine Ergebnisse sich auf den Rest des Tierreichs – also auch auf den Menschen – anwenden ließen, und das Bateman-Prinzip hatte weltweiten Erfolg. Noch heute »ist das Bateman-Prinzip das Evangelium der Verhaltensunterschiede zwischen den Geschlechtern«, beobachtet Frans de Waal, »und es wird Millionen von Studierenden der Biologie und der Entwicklungspsychologie beigebracht.«[2]

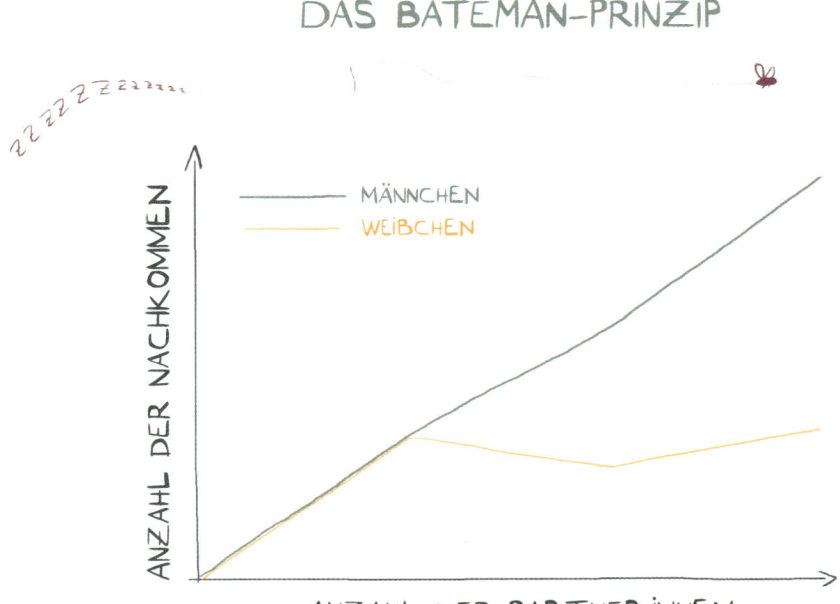

DAS BATEMAN-PRINZIP

ANZAHL DER NACHKOMMEN

—— MÄNNCHEN
—— WEIBCHEN

ANZAHL DER PARTNER:INNEN

2 Frans de Waal, ebd.

Doch nicht nur die Hühner widersetzen sich dem berühmt-berüchtigten Prinzip. Dass es heute auf wackligen Beinen steht, liegt unter anderem an einer Gruppe weiblicher Vögel, genauer gesagt Singvögel. Sie wurden lange Zeit als Vorbilder für die Monogamie angesehen, da sie ihr Nest als Pärchen und mit viel Geduld bauen sowie sich beim Füttern des Nachwuchses abwechseln.

MÖGET IHR WIE DIE BESCHEIDENE HECKENBRAUNELLE SEIN — BEI IHNEN SIND MÄNNCHEN UND WEIBCHEN EINANDER TADELLOS TREU.

FREDERICK MORRIS

PASTOR UND ORNITHOLOGE IM 19. JAHRHUNDERT

Aber Lucy Cooke erzählt, dass das der Stand gewesen sei vor der Entdeckung, dass Weibchen sich trotzdem weiter fortpflanzten, wenn »ihr« Männchen sterilisiert wurde. Und so haben die Ornitholog:innen gemerkt, dass oft ein großer Unterschied zwischen sozialer und sexueller Monogamie besteht. Mehr als 90 % der Vogeldamen paaren sich gewöhnlicherweise mit verschiedenen Männchen, bis zu Hunderte Mal für ein einziges Gelege, das verschiedene Erzeuger haben kann.

Die Heckenbraunelle wurde als Vorbild für die Monogamie angeführt, bis ihre Neigung zu Dreiecksverhältnissen festgestellt wurde.

Häufig hat das Weibchen zwei Liebhaber, mit denen sie sich über 250 Mal paaren kann, um sich fortzupflanzen.

Entdeckt wurde diese sexuelle Freiheit vor allem dank der sorgfältigen genetischen Vaterschaftsforschung der Evolutionsbiologin Patricia Gowaty, die es allerdings ganz schön schwer hatte, sich Gehör zu verschaffen. Während eines Kongresses der amerikanischen ornithologischen Gesellschaft argumentierte ein hohes Tier in der Ornithologie gegen sie. Er konnte ihre Schlussfolgerungen wohl schwer verdauen und verkündete, dass die weiblichen Blaumerlen, die sie untersuchte, wahrscheinlich vergewaltigt worden waren. Das ist allerdings nicht so recht möglich, erklärt die Forscherin:[3] Bei den Singvögeln haben die Männchen keinen Penis, und um sich fortpflanzen zu können, müssen die beiden Partner:innen ihre Kloaken[4] aneinanderpressen, und zwar in einem Balanceakt, der ziemlich viel Einvernehmlichkeit und gegenseitige Motivation erfordert. Das wird auch Kloakenkuss genannt.

SINGVÖGEL BRAUCHEN KEINE #METOO-BEWEGUNG. ES IST KÖRPERLICH UNMÖGLICH, DASS OHNE DAS EINVERSTÄNDNIS DES WEIBCHENS EINE BEFRUCHTUNG STATTFINDET.

PATRICIA GOWATY

EVOLUTIONSBIOLOGIN

DER KLOAKENKUSS

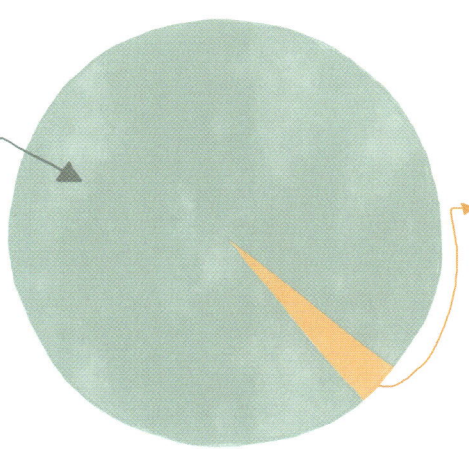

Im Laufe der Evolution haben 97 % der Vogelarten ihren Penis verloren. Laut der Forschung ist dies das Ergebnis einer Selektion durch die Weibchen, die eine weniger zwanghafte Paarung sowie die Notwendigkeit eines kooperativen Verhaltens für den »Kloakenkuss« begünstigt hat.

Unter den verbleibenden 3 % ist der Erpel mit seinem korkenzieherförmigen Penis. Bei der Stockente sind schätzungsweise 40 % der Kopulationen erzwungen. Wie zum Gegenangriff hat das Weibchen eine Vagina, die spiralförmig in die entgegengesetzte Richtung des männlichen Penis gedreht ist.

Aber nicht nur in der Vogelwelt machen sich die Damen nicht viel aus dem Bateman-Prinzip. Weibliche Schimpansen etwa kopulieren durchschnittlich sechstausend Mal im Laufe ihres Lebens mit etwa einem Dutzend unterschiedlicher Männchen. Und Löwinnen können sich während ihrer Läufigkeit bis zu hundert Mal am Tag mit vielerlei Partnern paaren.

3 Lucy Cooke, ebd.
4 Die Kloake ist die Öffnung, die den Vögeln zugleich als Harn-, Darm- und Genitalöffnung dient.

Ich kann mich nicht mit der Idee der sexuellen Hyperaktivität anfreunden: Dieses straffe Programm erschöpft mich schon beim bloßen Gedanken daran. Übrigens finde ich die Pflicht, um jeden Preis einen Orgasmus haben zu müssen, ebenso anstrengend wie diejenige, die dem Mythos des prüden Weibchens zugrunde liegt, und ich bin offenbar nicht die Einzige. Außerdem sind sie total widersprüchlich. Was das Sexualleben der Löwinnen und der Vogeldamen letztlich zeigt, ist, dass die Normalisierung der weiblichen »sexuellen Abneigung« völlig fehl am Platz ist. Genauso wie die angebliche Neigung zur Treue. Bei den Wirbeltieren sei die Vielmännerei heutzutage jedenfalls eher die Norm als eine Ausnahme, betont Lucy Cooke. Und das gilt nicht nur für die anderen Spezies: »Auch bei den Menschen üben Frauen häufig nicht nur Verrat am Bateman-Prinzip, sondern auch an den Versprechen, die sie bei der Eheschließung gegeben haben«, erklärt Frans de Waal. Es ist mittlerweile anerkannt, dass die weibliche sexuelle Aktivität weit über das hinausgeht, was zur Fortpflanzung nötig ist, zumal sie auch außerhalb des Eisprung-Zeitraums ausgelebt wird.

Die Frage, die jene sich stellen, die noch immer am Bateman-Prinzip festhalten, ist: Warum? Nun, so unglaublich das in den Augen der Klitorisleugner auch scheinen mag (siehe Kapitel 7): Die Damen haben auch ihren Spaß. Also, zumindest ist das offensichtlich bei vielen von ihnen der Fall.[5] Aber die Evolutionstheorie in Kombination mit ihrer Buchhaltermentalität meint, dass Spaß nur um des Spaßes willen nicht ausreicht. Jedes Organ, das zur Empfindung von Genuss da ist, soll dazu dienen, ein Verhalten zu stärken, das schlicht und einfach einen Vorteil bei der Verbreitung der eigenen Gene haben muss – das heißt, grob gesagt für den Umfang der Nachkommenschaft und deren Überleben.

Gerunzelte Augenbrauen und den Mund zum »O« geformt: Dieser charakteristische Gesichtsausdruck wurde bei den männlichen und weiblichen Japanmakaken ausschließlich während des Orgasmus beobachtet.

5 Male-Female, Female-Female, and Male-Male sexual behavior in the stumptail monkey, with special attention to the female orgasm, Suzanne Chevalier-Skolnikoff, Archives of sexual Behaviour, 1974.

Aktuell gibt es die Erkenntnis, dass es sich als vorteilhaft erweisen kann, wenn ein Weibchen viele verschiedene Partner hat und eine gewisse Unklarheit über die Vaterschaft bestehen bleibt. Denn das ermuntert mehrere Männchen dazu, sich um ihre potenziellen Jungen zu kümmern – oder sie zumindest zu beschützen. Dies ist besonders wertvoll bei Arten, bei denen fremde Männchen, die neu zu einer Gruppe hinzustoßen, die noch nicht entwöhnten Jungen töten, damit die Mutter wieder mit der Ovulation beginnt und sie sich mit ihr fortpflanzen können. Ja, das ist düster, aber dieses kindermörderische Verhalten wurde in allen Tierarten beobachtet. Zuerst von der Anthropologin Sarah Blaffer Hrdy bei den sogenannten Languren, einer Affenart. Und dann bei Löwen, Ratten, Delfinen, Bären, Präriehunden, Eulen und so weiter. Ein weiterer Vorteil des freizügigen Sexuallebens für die Damen: Es ermöglicht ihnen eine größere Vielfalt im genetischen Spektrum ihrer Nachkommen, und somit, wie Lucy Cooke argumentiert, nicht alle Eier in denselben Korb zu legen.

Und die Antwort auf meine Ausgangsfrage ist: Ja, es gibt auch weibliche Belästigerinnen. Manche sind so eifrig dabei, die Theorie über ihre Keuschheit zu entkräftigen, dass sie damit sogar die männliche Seite der These in Gefahr bringen – die des Männchens, das für die Paarung sogar den Tod in Kauf nimmt. Weibliche Paviane beanspruchen die Männchen so oft, dass manche dahinscheiden. Das wurde auch bei Staren und Grillen beobachtet. Und selbst Herr Fliege, so scheint es, ist manchmal eingeschüchtert von den Avancen der Damen.

FRANS DE WAAL

PRIMATOLOGE

Aber was ist nun mit all dem Sperma, das doch so günstig verteilt werden kann? »Mehrere Forschende haben hervorgehoben, dass der Preis einer Spermazelle gering ist im Vergleich zu dem einer Eizelle und dass die Wissenschaft noch kein Männchen gefunden hat, das nur einen kleinen Schwimmer auf einmal ins Rennen schickt«, meint Lucy Cooke. »Jedes Ejakulat enthält Millionen von Spermien, begleitet von einem Cocktail an wichtigen Bioaktivstoffen – was zwangsläufig die Rechnung in die Höhe treibt. So übersteigt heutzutage der Energieaufwand, der mit einem einzigen Ejakulat verbunden ist, zumindest bei den Säugetieren, den der Eizelle.«

Wenn manche Männchen also auch auf ihr Budget achten müssen, dann gibt es nicht mehr viel, was die ach so tolle Theorie unterstützen würde. Zumal ihr Patricia Gowarty 2012 den Todesstoß verpasst hat, als sie den Versuch unternahm, Angus Batemans Experiment zu wiederholen. Sie brachte dabei logische und methodologische Schwächen des Experiments zutage, die so tief waren wie der Marianengraben. Es scheint zudem, dass nur ein Teil der damals gesammelten Daten mit der Theorie vereinbar waren. Und zwar jene, aus denen die berühmt-berüchtigte Grafik zusammengeschustert worden war, während die anderen auf rätselhafte Weise in Vergessenheit gerieten.

BATEMAN UND ALLE ANDEREN NACH IHM HABEN SICH NUR AUF DIE ERGEBNISSE KONZENTRIERT, DIE IN DIE RICHTUNG VON DARWINS BEHAUPTUNG ÜBER DIE UMTRIEBIGEN MÄNNCHEN UND DIE SCHWIERIGEN WEIBCHEN ZEIGTEN.

DIE WIRKLICHKEIT WURDE VERDREHT, DAMIT SIE DER SITTE ENTSPRACH.

LUCY COOKE

ZOOLOGIN UND REGISSEURIN

FRANS DE WAAL

PRIMATOLOGE

Wie lässt sich also rechtfertigen, dass die Theorie auch heute noch unterrichtet wird, und dies sogar in renommierten Universitäten? Vielleicht, so meint Lucy Cooke, weil der langwierige und gewissenhafte Versuch, sie infrage zu stellen, als verdächtig, da »feministisch« angesehen wurde – was für einen Teil der Biolog:innen gleichbedeutend mit »ideologisch« ist. »Was diese Personen vergessen, ist, wie maskulinistisch ihre eigenen Ansichten sind«, betont Sarah Blaffer Hrdy, »und wie viel Androzentrismus in den theoretischen Grundlagen ihrer darwinistischen Weltanschauung steckt.«[6]

6 Sarah Blaffer Hrdy in Lucy Cooke, ebd.

WEN RUFEN WIR, WENN
DIE MÄNNLICHKEIT SICH
BEDROHT FÜHLT?

7. Die Klitoris: Ein wenig Aufmerksamkeit bitte

Die Klitoris wurde bislang so wenig von der Wissenschaft beachtet, dass es an Vernachlässigung grenzt – vielleicht sogar an Verachtung oder Ekel, ich weiß es nicht genau. Um uns Klarheit zu verschaffen, müssten wir wahrscheinlich Generation um Generation von Wissenschaftler:innen psychoanalytisch untersuchen – angefangen beim Erfinder der Psychoanalyse.

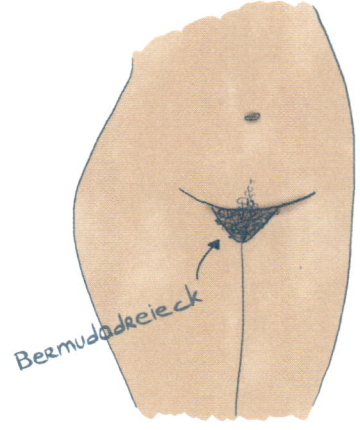

Bermudadreieck

DER KLITORALE ORGASMUS IST KINDLICH, ER IST EIN ZEICHEN VON UNREIFE.

NUR REIFE FRAUEN KÖ... OR...

HALT DIE KLAPPE, SIGMUND.

WIR WOLLEN ZU DIESEM THEMA NICHTS MEHR VON DIR HÖREN, DU HAST SCHON GENUG SCHÄDEN ANGERICHTET.

SIGMUND FREUD

BEGRÜNDER DER PSYCHOANALYSE

Das Ausmaß der allgemeinen Unwissenheit zum Thema wird deutlich, wenn wir bedenken, dass lange Zeit Arten wie die Tüpfelhyäne – ja, die schon wieder –, bei der die Klitoris besonders stark hervortritt, als Hermaphroditen angesehen wurden. Und so war es auch bei den Menschen, als die Existenz dieses Auswuchses bekannt wurde. Mitte des 16. Jahrhunderts (zumindest in Europa) wurde die Klitoris als unnütz und krankhaft angesehen.

DIE FRAU LAUT DER NASA

SCHAUT NUR, SIE HAT NICHTS ZWISCHEN DEN BEINEN.

Zeichnung, eingraviert in die beiden Sonden Pioneer 10 und 11, welche in den 1970er Jahren von der NASA in die Tiefen des Universums geschickt wurden. Diese Nachricht soll einer eventuellen intelligenten, außerirdischen Lebensform, die auf sie treffen könnte, einen Eindruck von unserer Welt vermitteln.

DIESES NEUE KÖRPERTEIL IST ZU NICHTS NUTZE UND EXISTIERT NICHT BEI GESUNDEN FRAUEN. ES IST NUR BEI HERMAPHRODITEN ZU FINDEN.

ANDREAS VESALIUS

ARZT IM 16. JAHRHUNDERT, BEGRÜNDER DER MODERNEN ANATOMIE

NA JA, ALSO, AUCH WENN GESAGT WIRD, DASS DIE EXISTENZ DER KLITORIS ERST IM 16. JAHRHUNDERT BEKANNT WURDE, GAB ES VERMUTLICH VIELE, DIE SIE BEREITS AUF ZIEMLICH INTUITIVE WEISE ENTDECKT HATTEN UND DIE SIE GAR NICHT SO UNNÜTZ FANDEN.

Danach wurde die Klitoris regelmäßig vergessen und wiederentdeckt. Es hat bis zum 21. Jahrhundert gedauert – ja, bis jetzt! –, bis sie von der australischen Urologin Helen O'Connell detailliert und in ihrer Ganzheit beschrieben wurde, den nicht sichtbaren Teil eingeschlossen.

DIE KLITORIS TAUCHTE BIS ZUM BEGINN DES 20. JAHRHUNDERTS IN VIELEN LEHRBÜCHERN AUF. UND DANN VERSCHWAND SIE IN DEN 1950ER JAHREN DARAUS – ES WIRD VERMUTET, DASS SIE MIT VOLLER ABSICHT DARAUS ENTFERNT WURDE.

VIELLEICHT WAR DAS UNBEWUSST EIN MITTEL, DIE WEIBLICHE LUST ZU LEUGNEN.

IN DER AUSGABE MEINES ANATOMIESCHULBUCHS VON 1985 WURDE DIE KLITORIS KAUM ERWÄHNT UND ES GAB KEINE EINZIGE ILLUSTRATION, WÄHREND DEM PENIS ZWEI GANZE SEITEN GEWIDMET WAREN.

BESTIMMTE ASPEKTE DER WEIBLICHEN GESCHLECHTSTEILE WURDEN ALS MÄNNLICHE GENITALIEN, DEREN HERANBILDUNG MISSGLÜCKT WAR, BESCHRIEBEN.

LUCY COOKE

ZOOLOGIN UND REGISSEURIN

HELEN O'CONNELL

UROLOGIN UND BEGRÜNDERIN DER MODERNEN KLITOROLOGIE

Offensichtlich ist noch kein Ende der Überraschungen in Sicht, denn Ende 2022 vorgestellte Forschungsergebnisse haben erwiesen, dass die Klitoris mehr als 10.000 Nervenfasern enthält, also 20 % mehr als zuvor geschätzt. Damit ist sie ein sensibleres Organ als der Penis. Wie sind die Wissenschaftler:innen zu diesem Ergebnis gelangt? Indem sie ganz einfach nachgezählt haben. Das war scheinbar nie zuvor getan worden ... Bislang war die Anzahl der menschlichen Klitorisnerven anhand von Studien, die an Kühen durchgeführt wurden, geschätzt worden.

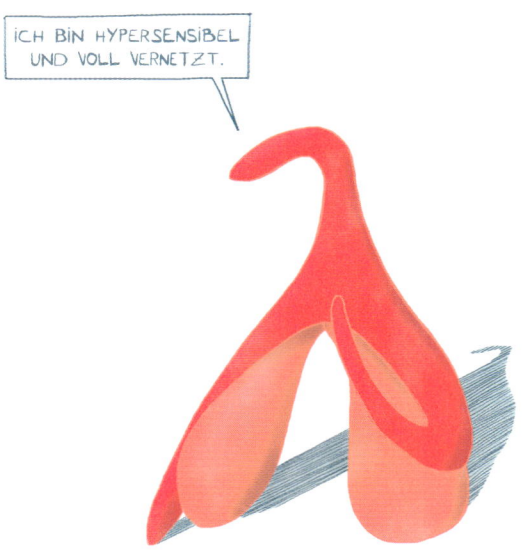

ICH BIN HYPERSENSIBEL UND VOLL VERNETZT.

ICH HABE ZWEI KLITORIS. DIE MENSCHEN BEZEICHNEN DAS ALS HEMICLITORIS.

Es ist, gelinde gesagt, echt heikel, dass der vorherrschende wissenschaftliche Diskurs die weibliche Lust lange zum Betriebsunfall degradiert hat. Demnach sollte die Klitoris nur eine Nachahmung sein, ein zufällig entstandener Überrest des Penis. Die beiden haben tatsächlich einen gemeinsamen Ursprung, denn während der ersten zwei Monate ihrer Entwicklung haben die Embryonen genau die gleichen Sexualorgane. Erst ab dem dritten Monat beginnen sie sich zu unterscheiden. Unter dem Einfluss der Hormone entstehen zu dieser Zeit vor allem die Klitoris und der Penis (allgemein, Kapitel 4), die sehr ähnliche Teile aufweisen – die Eichel, die Vorhaut oder die Schwellkörper etwa –, weil sie sich aus dem gleichen »Ausgangsmaterial« entwickeln.[1] Diese Gemeinsamkeiten spiegeln sich in der Rolle wider, die sie für die sexuelle Erregung und Lust spielen.

1 Sexesss: Mein Körper unter der Lupe – unser biologisches Geschlecht und wie es entsteht, Université de Genève.

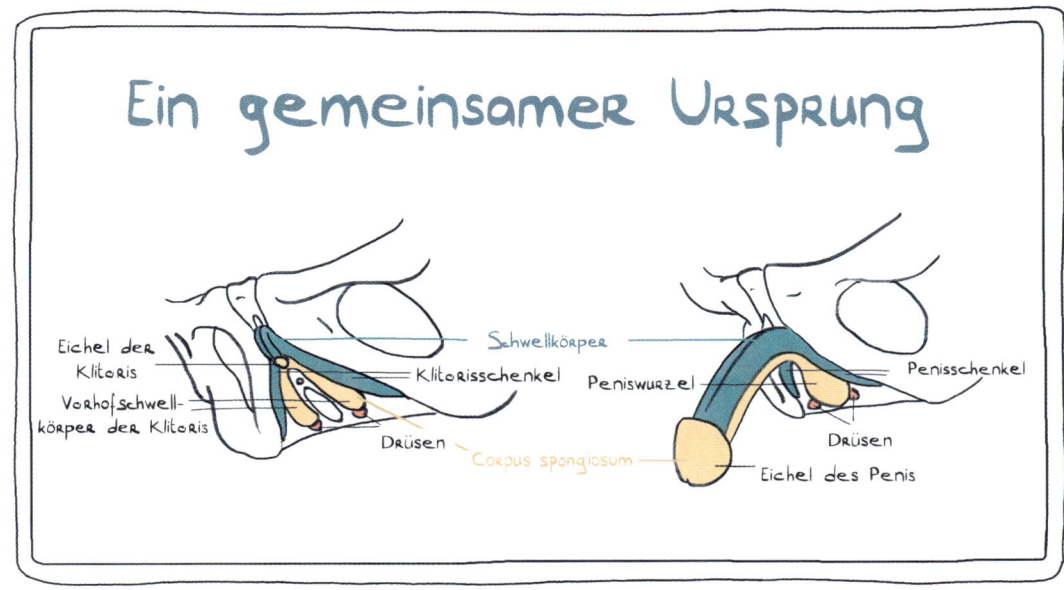

Ein gemeinsamer Ursprung

Eichel der Klitoris
Vorhofschwell-körper der Klitoris
Schwellkörper
Klitorisschenkel
Drüsen
Corpus spongiosum
Peniswurzel
Penisschenkel
Drüsen
Eichel des Penis

Illustration aus der Broschüre Sexess des Programms »Sciences, sexes, identités« der Universität Genf (www.unige.ch/ssi)

Dass ein Teil der wissenschaftlichen Gemeinschaft davon ausgeht, die weibliche Lust sei nur ein Versehen, liegt daran, dass der Orgasmus des Weibchens für die Fortpflanzung nicht erforderlich ist. Das stimmt vielleicht, wenn nur der Geschlechtsakt betrachtet wird. Aber alles in allem ist auch die Motivation der Teilnehmerinnen sehr vorteilhaft – wenn nicht sogar zwingend notwendig – für das Überleben der Art.

Die Klitoris hat nicht nur ein dichteres Nervennetz als der Penis, sondern ermöglicht auch längere und schneller aufeinanderfolgende Orgasmen. Und dennoch: Nur weil wir so ein super Gerät zwischen den Beinen haben, heißt das noch lange nicht, dass wir mehr Orgasmen erleben, wie die Studien zum Orgasm Gap[2] – also zur »Orgasmus-Lücke« – zwischen Mann und Frau zeigen.

DA DIE KLITORIS EINE HÖHERE DICHTE AN SINNESZELLEN ALS DER PENIS AUFWEIST, IST ES UNWAHRSCHEINLICH, DASS SIE NUR AUS VERSEHEN ENTSTANDEN IST.

FRANS DE WAAL

PRIMATOLOGE

2 Differences in Orgasm Frequency Among Gay, Lesbian, Bisexual, and Heterosexual Men and Women in a U.S. National Sample, Archives of sexual behaviour, Januar 2018.

Die Tatsache, dass das Lust-»Defizit« bei heterosexuellen Frauen so viel ausgeprägter ist als bei lesbischen, legt nahe, dass nicht die Mechanik daran schuld ist, sondern viel wahrscheinlicher die jahrhundertelange phallozentrische Pseudoaufklärung. Und vor allem ein Verständnis von Sexualität, das den Fokus weitgehend auf die Penetration legt. Es ist also vielleicht nützlich, noch einmal daran zu erinnern, dass sich die Klitoris in der menschlichen Anatomie NICHT in der Vagina befindet. Und auch nicht am Eingang der Vagina, wie es bei anderen Tieren der Fall ist, wie zum Bespiel bei Delfinen oder Alligatoren, wo der Geschlechtsverkehr einen direkten Kontakt zwischen dem Penis und dem betreffenden Bereich voraussetzt.

Neben der niedrigeren Platzierung auf dem Orgasmuspodest hat das wenige Interesse an der Klitoris und die geringe Beachtung, die ihr zuteilwird, auch medizinische Folgen.[3] Da es keine entsprechenden Lehrpläne und Handbücher gibt, weiß das Gesundheitspersonal nicht, wie es sie untersuchen und behandeln soll.

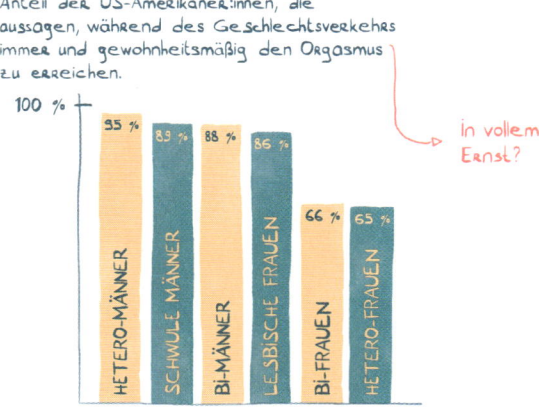

DER ORGASMUS-GAP

Anteil der US-Amerikaner:innen, die aussagen, während des Geschlechtsverkehrs immer und gewohnheitsmäßig den Orgasmus zu erreichen.

In vollem Ernst?

- HETERO-MÄNNER 95 %
- SCHWULE MÄNNER 89 %
- BI-MÄNNER 88 %
- LESBISCHE FRAUEN 86 %
- BI-FRAUEN 66 %
- HETERO-FRAUEN 65 %

Sexuelle Orientierung

ICH FINDE, DIESER ORGASMUS-GAP IST ECHT EIN DING, DAS ABGESCHAFFT WERDEN MUSS.

EIGENTLICH SOLLTEN WIR UNS GEGENSEITIG ALL DIE ARTEN ZEIGEN, AUF DIE EIN ORGASMUS ERREICHT WERDEN KANN.

UND ZWAR VOR ALLEM DURCH EXTERNE STIMULATION, DIE SEHR WICHTIG FÜR ALLE IST, DIE EINE VULVA BESITZEN.

OLYMPE DE GÊ

AUTORIN UND REGISSEURIN VON ALTERNATIVER PORNOGRAFIE

Dies birgt das Risiko, dass damit verbundene Gesundheitsprobleme nicht erkannt werden oder, schlimmer noch, dass sie Schaden nimmt. Es gibt Berichte über Verletzungen der Klitoris nach Eingriffen wie Episiotomien, Labioplastiken oder dem Einsetzen eines Netzes zur Unterstützung des Beckenbodens, bei denen eine Schädigung der Nerven stattfinden kann, was wiederum Schmerzen verursachen und eine Minderung der sexuellen Empfindsamkeit nach sich ziehen kann. Einige Frauen haben nach einer Biopsie oder nach einem chirurgischen Eingriff an der Hüfte, durchgeführt mit einer Haltevorrichtung, die stark auf die Klitoris drückt, die Fähigkeit verloren, Orgasmen zu erreichen. Für Helen O'Connell erklärt die weitreichende Missachtung der Klitoris, warum die Urolog:innen sich die Mühe machen, bei einer Prostata-Operation die Nerven zu schützen, aber nicht bei einem chirurgischen Eingriff am Becken einer Frau.

Nun, vielleicht ist es an der Zeit, die Klitorologie ins Leben zu rufen und sie mit einem beträchtlichen Budget auszustatten, um die Nachholforschung ganzer Jahrhunderte zu finanzieren und schöne farbige Großansichten in den Anatomielehrbüchern zu platzieren – und all diejenigen in Therapie zu schicken, die sich noch dagegen sträuben.

3 *Half the world has a clitoris. Why don't doctors study it?*, New York Times, 17. Oktober 2022.

8. Warum wir Schambehaarung haben

Da das letzte Kapitel der Klitoris gewidmet war, befinden wir uns genau am richtigen Ort, um ein anderes Thema zu besprechen, das mich fasziniert: den Haarwuchs in diesem Bereich. Bevor ich fortfahre, muss ich sagen, dass ich eine schwierige Beziehung zu meiner Körperbehaarung habe. Vielleicht haben sich diese Spannungen bei mir durch die Tatsache verschärft, dass ich meine Jugend in einem schulischen Umfeld verbracht habe, das fast ausschließlich männlich geprägt war (siehe Bedienungsanleitung, S. 164). In diesem wurden Spott und festgefahrene Meinungen großzügig verbreitet, aber da bin ich bei Weitem nicht die Einzige, die das so erlebt hat. Besonders, was die Schambehaarung angeht: Versucht mal, mit eurem Umfeld darüber zu sprechen. Es ist das beste Gesprächsthema der Biosphäre. Vor allem für späte, feuchtfröhliche Abendstunden, in denen über die Neugestaltung der Welt und die besten Intimrasuren diskutiert wird. Deshalb verpasse ich nie eine Studie dazu, wie die, die Anfang 2021 vom französischen Meinungsforschungsinstitut IFOP (Institut français d'opinion publique)[1] durchgeführt wurde. Sie zeigt, dass die Anzahl an Frauen, die sich die Haare im Schambereich überhaupt nicht entfernen, sich innerhalb eines Jahrzehnts fast verdoppelt hat: von 15 % Ende 2013 auf 28 % im Januar 2021.

Sind die Französinnen auf dem Weg der feministisch-hysterischen Radikalisierung oder ist es ein plötzlicher Anflug von Faulheit? Laut dem Institut scheint es auf jeden Fall so, als habe der Lockdown die Lage an dieser Front etwas entspannt. Aber nicht für alle. Innerhalb der gleichen Zeitspanne ist die Zahl der Frauen, die ihren ganzen Körper von Haaren befreien, ebenfalls in die Höhe geklettert, von 14 auf 24 %. Der Graben vertieft sich: Ganz oder gar nicht – und das macht die Diskussionen wahrscheinlich so hitzig. Das und der Alkohol vielleicht – und die Tatsache, dass hier das Thema der Sexualität tangiert wird, mit seinen Zwängen und viel Unausgesprochenem.

INTIMFRISUREN IN FRANKREICH

	MÄNNER		FRAUEN
Vollständige Enthaarung	14 %		24 %
Teilenthaarung	41 %		48 %
lassen ihre Körperbehaarung in Ruhe	45 %		28 %

QUELLE: IFOP

1 Enquête sur les pratiques dépilatoires et le poids des injonctions liées à l'épilation, Ifop/Charles.co, Januar 2021

Die Studie liefert wesentlich weniger Details zur Entwicklung der Tendenzen bei den Herrenfrisuren, aber wir können festhalten, dass 55 % von ihnen ihren Intimbereich auf irgendeine Art instandhalten und dass 14 % davon sich den ganzen Körper rasieren, als ob die Haare dort nichts zu suchen hätten.

Und ehrlich gesagt: Eigentlich wissen wir gar nicht genau, wozu sie da sind – vor allem, wenn wir die anderen Tierarten betrachten, insbesondere die anderen Affen. Die sind überall behaart, aber die Haare im Schambereich sind kürzer und feiner. Bei uns ist es genau umgekehrt. Dieser Bereich hat übrigens auch seine eigene Läuseart, besser bekannt unter dem lieblichen Namen »Filzlaus«. Sie ist die einzige Art mit Zangen, die kräftig genug sind, um sich an den dicken, struppigen Haaren festzuhalten. Genetisch gesehen ist die Filzlaus enger verwandt mit der Gorilla-Laus als mit der Läuseart, die sich auf unseren Köpfen einnistet.

All das ist hormonell bedingt. Es sind unsere Hormone, die die Dicke und Länge der Haare über den Wachstumszyklus der Follikel, der Aushöhlungen, in denen sie gebildet werden, kontrollieren. An den Beinen wachsen sie zum Beispiel zwei Monate lang und dann hören sie auf. Im Schambereich sind es eher drei bis vier Monate, sechs Monate unter den Achseln und bis zu sechs Jahre, oder sogar mehr, auf dem Kopf.

DA DRAUSSEN IST ES WIE IM DSCHUNGEL.

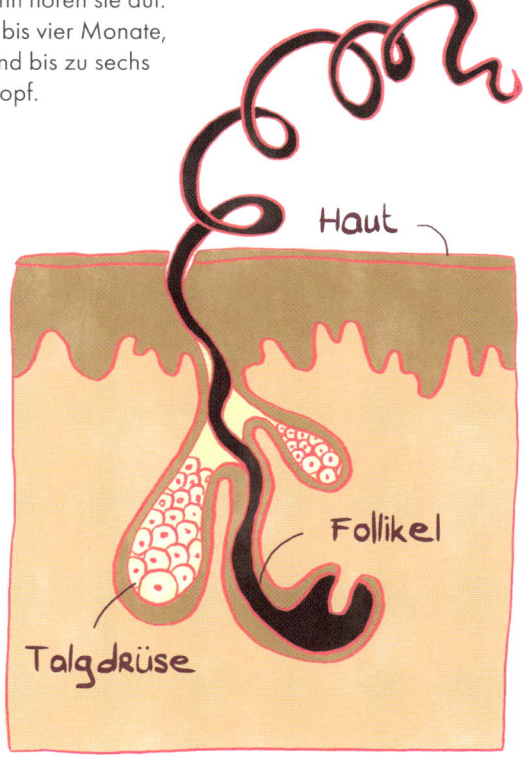

Haut

Follikel

Talgdrüse

Warum sind Haare an einer Körperstelle länger und an einer anderen kürzer? Nehmen wir mal an, unsere Schamhaare wüchsen sechs Jahre lang. Wir liefen Gefahr, mit den Füßen draufzutreten! Aber ansonsten gibt es keine wirkliche offizielle Erklärung, nur Hypothesen. Die Achseln und der Intimbereich sind Teil der Stellen, an denen unsere apokrinen Drüsen konzentriert sind, die unter anderem die Pheromone und den Körpergeruch erzeugen. Und eine der Theorien besagt, dass die Haare als Duftverteiler dienen, vor allem, um mehr oder weniger subtile Botschaften zu übermitteln.

Unser Schamhaargestrüpp hat auch eine Schutzfunktion, zum Beispiel gegen das Reiben der Kleidung. Aber vor allem sondern die Haare Talg ab, der den Bereich mit Feuchtigkeit versorgt und so eine Art natürliche Barriere gegen Pilzkrankheiten und Infektionen bildet.

Du gefällst mir sehr, aber das stresst mich ...
Und ganz nebenbei stelle ich alle einen kurzen
Überblick über die Beschaffenheit meines Immunsystems,
für den Fall, dass wir uns gemeinsam fortpflanzen ...
Na ja, natürlich nicht sofort; ich weiß, dass dies das erste Mal ist,
dass du mir unter die Arme siehst ...
Aber du gefällst mir wirklich sehr ...
Aaaaaah, ich bin gestresst ...

LAUT EINER STICHPROBE IST DAS RISIKO, EINE SEXUELL ÜBERTRAGBARE KRANKHEIT ZU BEKOMMEN, IN DER US-AMERIKANISCHEN BEVÖLKERUNG 80 % HÖHER BEI DEN PERSONEN, DIE SICH DIE SCHAMHAARE ENTFERNEN – SELBST WENN DAS ALTER UND DIE ANZAHL DER PARTNER:INNEN MIT EINBEZOGEN WERDEN.

ES IST MÖGLICH, DASS DIE HAARENTFERNUNG EIN ZEICHEN FÜR EINE GRÖSSERE SEXUELLE AKTIVITÄT UND FÜR EIN HÖHERES DAMIT VERBUNDENES INFEKTIONSRISIKO IST. VIELLEICHT HAT ES ABER AUCH DAMIT ZU TUN, DASS DIE HAARENTFERNUNG KLEINE VERLETZUNGEN VERURSACHT, DURCH DIE BAKTERIEN UND VIREN LEICHTER HINEINGELANGEN KÖNNEN.

Übersicht der sexuell übertragbaren Krankheiten, Dezember 2016

Letztendlich liegt es mir fern, alle davon überzeugen zu wollen, dass wir aufhören sollten, uns zu enthaaren: Wir alle handeln nach bestem Wissen und Gewissen mit den mehr oder weniger direkten und zwanghaften Weisungen der Welt, in der wir aufgewachsen sind. Aber es sei gesagt, dass es zu diesem Thema einige Argumente gibt, die die Diskussion auflockern, wenn die Anwesenden sich am Ende des Abends gegenseitig auf Gorilla-Läuse untersuchen.

9. Warum wir Brüste haben

Ich finde, in der Rangliste der faszinierenden Fragen steht die, warum wir Brüste haben, der Schamhaarfrage in nichts nach. Sie wird von der gleichen Art widersprüchlicher Zwänge heimgesucht. Im Schwimmbad meiner Jugend, dem von Bellerive in Lausanne, gab es in den letzten Jahren Protestaktionen gegen Vorschriften, die es Männern erlaubten, mit freiem Oberkörper herumzulaufen, Frauen jedoch nicht.[1] Nun werden diejenigen, die die Geschichte dieses Ortes kennen, sich daran erinnern, dass Brüste in den 1990er Jahren dort niemanden gestört haben.

Ein bisschen wie bei den feministischen Demos, wo Frauen, die stolz und militant ihre Brüste zeigten, zu einer echten Institution geworden sind. Sie sind die Idole meiner Töchter, eine Art kunterbuntes, paillettenbesetztes Totem des Kampfes für Gerechtigkeit. Dennoch beschloss die Lausanner Polizei beim Protestzug am 8. März 2021, Personen, die mit nacktem Oberkörper demonstrierten, festzunehmen und zu bestrafen.[2] Ich will ja nicht behaupten, dass ich diese plötzlichen allergischen Reaktionen gegen weibliche Brüste erklären kann, aber es hat mich dazu gebracht, mich mit diesem großen Mysterium der Evolution zu beschäftigen.

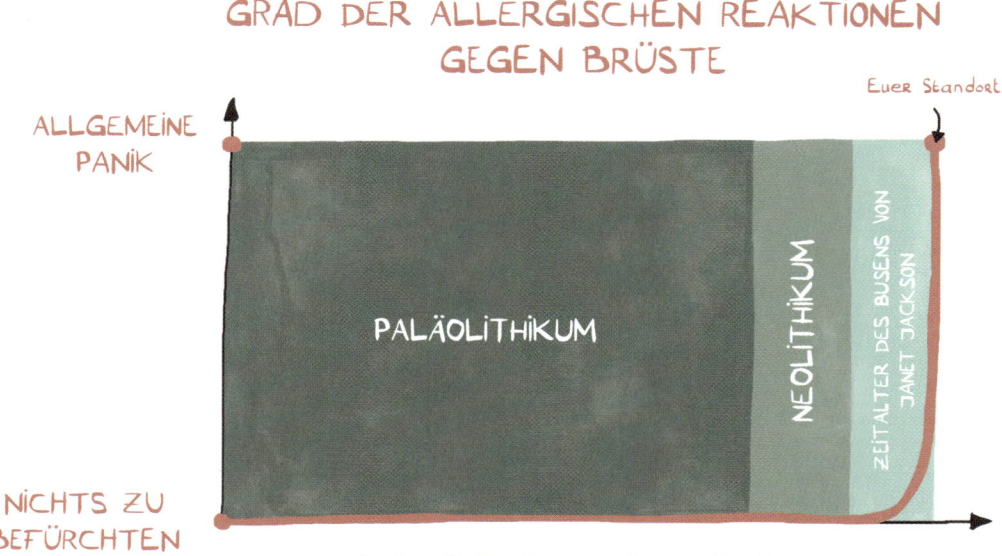

GRAD DER ALLERGISCHEN REAKTIONEN GEGEN BRÜSTE

Euer Standort

ALLGEMEINE PANIK

PALÄOLITHIKUM

NEOLITHIKUM

ZEITALTER DES BUSENS VON JANET JACKSON

NICHTS ZU BEFÜRCHTEN

GESCHICHTE DER MENSCHHEIT

1 2024 haben das Schwimmbad Bellerive und die anderen Schwimmbäder der Stadt Lausanne ihre Vorschriften angepasst, um diese Ungleichbehandlung zu beheben, indem das Baden mit nackten Brüsten erlaubt wurde, genau wie in den Gemeinschaftsbädern von Grenoble seit 2022. Und seit ebendiesem Jahr sind die öffentlichen Schwimmbäder in Berlin aufgrund eines Gerichtsbeschlusses dazu verpflichtet, dasselbe zu tun – wie es übrigens auch in anderen deutschen Städten bereits der Fall ist.
2 Sie wurden schließlich im Mai 2022 freigesprochen. Ende August 2023, mitten in der Hitzewelle, wurde eine Frau in Aurillac (Cantal) am Rande eines Straßentheaterfestivals aufgegriffen und verklagt, weil sie, wie viele ihrer männlichen Kollegen, mit nacktem Oberkörper herumgelaufen war.

Ich hätte jetzt aus dem Stegreif einfach mal gesagt, dass Brüste zum Stillen da sind. Aber sie sind scheinbar gar keine Voraussetzung dafür. Es gibt eine ganze Reihe an Tierarten, die säugen, ohne überhaupt Zitzen zu haben: von der Tsetsefliege über Spinnen, Tauben und den männlichen Kaiserpinguin bis hin zum großen Weißen Hai. Dabei hat jedes Tier sein eigenes Rezept – mehr oder weniger Fett, Calcium und Proteine, je nach Bedarf des Nachwuchses – und seine eigene Methode, die Brust zu geben, oder eben die fehlende Brust. Bei den Flamingos produzieren zum Beispiel die Individuen beider Geschlechter eine dickflüssige Milch, die eine ähnliche Konsistenz hat wie Hüttenkäse, nur in Rosa. Diese Substanz wird von Zellen produziert, die ihren Kropf auskleiden, welcher sich ganz unten in ihrem Hals befindet. Die Vögel würgen sie dann hoch, um damit ihre Jungen zu füttern.[3]

ICH ERZEUGE DIE FETTIGSTE MILCH VON ALLEN SÄUGETIEREN, MIT 60 % FETTANTEIL.

DAMIT IHR ES EUCH BESSER VORSTELLEN KÖNNT: DIE MILCH DER MENSCHEN LIEGT ETWA BEI 4 % UND NASHÖRNER PRODUZIEREN EINE VARIANTE, DIE MIT NUR 2 % NOCH MAGERER IST ALS FETTARME KUHMILCH.

Selbst bei den Säugetieren – von denen es immerhin 6000 Arten gibt –, haben die Weibchen nur dann eine hervorstehende Brust, wenn sie trächtig sind oder gerade stillen. Geschlechtsreife menschliche Frauen sind die Einzigen, die dauerhaft Brüste haben, und es ist nicht so richtig klar, warum. Das heißt, es gibt keinen allgemeinen Konsens, aber alle möglichen Hypothesen. Wie zum Beispiel, dass es sich um Energiereserven für Notzeiten handelt, um gutes Fett zu lagern, wie das an den Hüften oder am Hintern. Oder dass sie zum Schutz vor Wärme oder Kälte dienen, wie beim Kamel, das Fett in seinen Höckern speichert, um nicht zu überhitzen.

ALSO, ICH BEREITE EINE MILCH ZU, DIE SEHR REICH IST AN MINERALSALZEN, VOR ALLEM AN CALCIUM UND PHOSPHOR, DAMIT MEIN NACHWUCHS SICH SEINE EIGENE SAMURAI-RÜSTUNG WACHSEN LASSEN KANN.

3 Nach dem Stillen sind die Eltern ganz weiß, als ob es ihnen die Lebensenergie ausgesaugt hätte, na ja, oder zumindest ihre rosa Farbe.

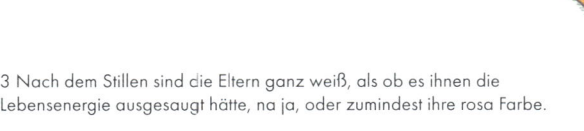

Und dann lässt sich auch noch eine ganze Palette an Erklärungen finden, die aus der sexuellen Selektion (einem der Evolutionsmechanismen aus der Theorie von Charles Darwin, S. 38) stammen. Aber Achtung, das tut ein bisschen weh: Die Idee dahinter ist, dass wir Brüste haben, um Fortpflanzungspartner anzulocken. Und tatsächlich werden sie in der Kultur, in der ich aufgewachsen bin, total sexualisiert. Für die Philosophin Camille Froidevaux-Metterie[4] markiert ihr Heranwachsen sogar den Eintritt in einen sexualisierten Körper. Allerdings, so betont der Primatologe Frans de Waal,[5] ist das nicht in allen menschlichen Gesellschaften der Fall (und außerdem bei keiner anderen Spezies, nicht einmal bei den anderen Menschenaffen).

DAS HERANWACHSEN DER BRÜSTE KANN WIE EIN HISTORISCHES EREIGNIS BETRACHTET WERDEN: ES KOMMT UNERWARTET UND UNFREIWILLIG, ES WIRFT DIE ORDNUNG DER DINGE DURCHEINANDER, UND ES IST EIN ERSTES »BITTE NIE WIEDER!«.

NIE WIEDER WIRD DAS MÄDCHEN EINFACH NUR ALS SOLCHES, ALS NEUTRAL UND GESCHLECHTSLOS WAHRGENOMMEN WERDEN.

CAMILLE FROIDEVAUX-METTERIE

PHILOSOPHIN UND POLITOLOGIN

WIR HABEN DIE BRÜSTE DER FRAUEN SEXUALISIERT, ABER DIESE SEXUALISIERUNG FINDET SICH NICHT IN ALLEN GESELLSCHAFTEN WIEDER UND HAT AUCH KEIN ÄQUIVALENT IN DER TIERWELT.

ES WURDE NOCH NIE EIN HUND BEOBACHTET, DER VON DEN ZITZEN EINER HÜNDIN ERREGT WÄRE, DIE IMMERHIN NICHT WENIGER ALS ACHT DAVON BESITZT.

FRANS DE WAAL

PRIMATOLOGE

4 Autorin des Buches *Seins, en quête d'une libération*, Édition Anamosa, 2020.
5 Frans de Waal, ebd.

Das scheint diejenigen, die diese Art von Theorien aufrechterhalten, jedoch nicht zu stören. Ich sagte ja schon: Sie gehen von der Idee aus, dass Brüste, wie Hirschgeweihe oder Pfauenfedern, nicht unbedingt vorteilhaft für das Überleben sind, aber dass sie existieren, weil sie Sexualpartner anlocken.[6] Dieses Argument existiert in mehr oder weniger verwirrenden Variationen. (Besonders darunter hervorzuheben ist die Hypothese, dass Brüste an den Hintern erinnern sollen, der ja nicht mehr sichtbar ist, wenn man beim Sex einander zugewandt ist.)

Wenn man Frauen zu Objekten machen will, gibt es nichts Passenderes als die sexuelle Selektion. Und wie es immer so ist mit der Evolutionstheorie, reduziert uns das auf unsere einzige Funktion – die der Fortpflanzung. Da diese Hypothesen nicht beweisbar sind, lassen sie viel Raum für Fantasie und damit zusammenhängende Verzerrungen. Letztlich ist es eine ultra-utilitaristische Herangehensweise, die allem einen Sinn und Zweck zuordnen will.

Was die Evolutionisten jedoch denken lässt, dass die dauerhaften Brüste einen Daseinsgrund haben müssen, ist, dass sie auch ihren Preis haben. Wie Hirschgeweihe, die sehr groß und sperrig[7] sind und daher die Kraft und die Gesundheit desjenigen beweisen sollen, der sie zur Schau stellt, sind auch Brüste nicht immer einfach zu tragen. Und zwar im wahrsten Sinne des Wortes: So eine Brust kann schwer sein und bei manchen Aktivitäten stören.

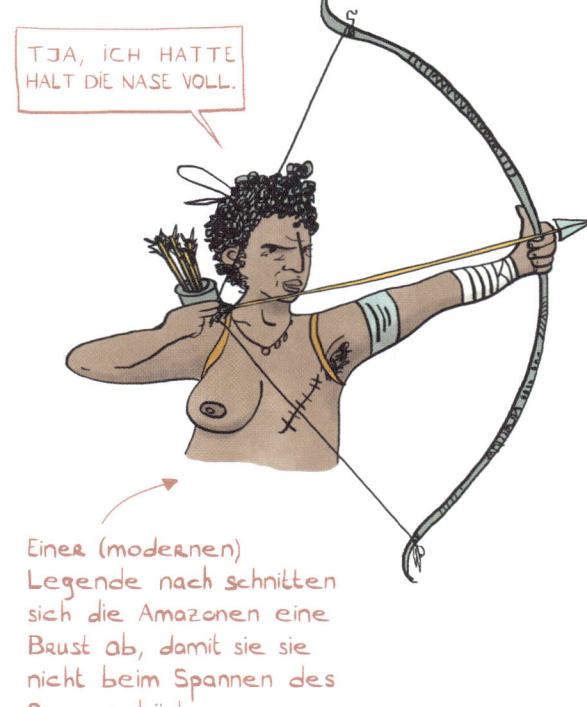

TJA, ICH HATTE HALT DIE NASE VOLL.

Einer (modernen) Legende nach schnitten sich die Amazonen eine Brust ab, damit sie sie nicht beim Spannen des Bogens störte.

ICH HATTE ZWAR NICHT DIE NASE VOLL, ABER ES HIESS: SIE ODER ICH.

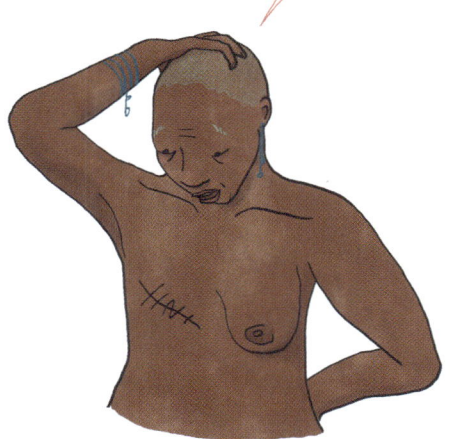

6 Dadurch hätte sich der »reproduktive Erfolg« von Menschen mit Brüsten erhöht und damit auch die Häufigkeit dieses morphologischen Merkmals.
7 Und die nicht nur Weibchen, sondern auch eine ganze Reihe von Hobbyjäger:innen anlocken, die sich ihren Kopfschmuck gern über den Kamin hängen.

Da ist auch noch das erhöhte Krebsrisiko, das bei anderen Primaten nicht beobachtet werden kann (was vielleicht aber auch daran liegt, dass sie nicht so lange leben wie wir). Und dann will ich gar nicht erst das Kapitel des sozialen Gewichts des Busens aufschlagen: aber großen Respekt an all die Personen, die Brüste haben, hatten oder haben werden.

Zusammenfassend wissen wir also nicht, warum sie da sind, aber ganz nebenbei ist anzumerken, dass man einem Pfau wohl auch nicht vorschreiben würde, seine Federn zu verstecken. Ich persönlich mag die Idee der beiden Kamelhöcker, um die Verständniswüste zu durchqueren, die wir im Rahmen dieses Themas oft betreten. Und es wäre echt super, wenn die Schutzfunktion auch vor der Meinung der Leute bewahren könnte, die besser als ich darüber Bescheid zu wissen scheinen, was ich mit meinen Brüsten tun sollte.

GLEICHE BRUST FÜR ALLE!!
DEINE HAND AUF MEINER BRUST, MEINE FAUST IN DEINER FRESSE
BEI UNSEREN BRÜSTEN
MEINE
FREIE OBERKÖRPER FÜR ALLE, PATRIARCHAT ABNIPPELN!

10. Das große Missverständnis des Alphamännchens

Manchmal scheint es mit der Gleichberechtigung endlich voranzugehen – und dann wird Donald Trump gewählt. Oder aber Kim Jong Un wirft zwei, drei Raketen ab und Wladimir Putin legt dann auch noch ausführlich die Feinheiten seiner antiterroristischen Pläne dar. Und dann geht es wieder los mit einer neuen weltweiten Runde von »Wer kann am weitesten pinkeln?«. Da können wir uns noch so sehr die Augen reiben: Ja, es existiert immer noch, das völlig überholt geglaubte Modell des »Alphamännchens«. Und indem wir es weiterhin so nennen, führen wir ein großes Missverständnis fort.

WIR WERDEN DEN TERRORISTEN BIS AUFS KLO FOLGEN, UM SIE ABZUKNALLEN.

WLADIMIR PUTIN

RUSSISCHER PRÄSIDENT

Ursprünglich wurde das Konzept des Alphamännchens erfunden, um die soziale Struktur von Wolfsrudeln zu beschreiben,[1] aber seither wurde es für viele andere Tierarten übernommen. Und zwar vor allem für die Menschenaffen – es war Frans de Waal, der es dort bekannt gemacht hat.[2]

1 *Is the Alpha Wolf Idea a Myth?*, Scientific American, Februar 2023.
2 In *Unsere haarigen Vettern: neueste Erfahrungen mit Schimpansen*, Frans de Waal, übers. v. Siglinde Summerer u. Gerda Kurz, Harnack Verlag, 1983.

NA JA, SOGAR BEI UNS SCHEINT ES, DASS DER BEGRIFF DES ALPHAMÄNNCHENS NICHT SO PASSEND IST.

DIE ZOOLOG:INNEN, DIE IHN ERFUNDEN HABEN, HABEN NÄMLICH NUR TIERE IN GEFANGENSCHAFT BEOBACHTET. ABER DIE RANGORDNUNG, DIE IN SOLCHEN SITUATIONEN ENTSTEHT, UNTERSCHEIDET SICH ZIEMLICH VON DEM, WAS BEI WILDEN WÖLFEN SO VOR SICH GEHT.

ES IST EIN BISSCHEN SO, ALS OB IHR DIE MENSCHLICHE SOZIOLOGIE ANHAND VON GEFÄNGNISSEN STUDIEREN WÜRDET.

Ende 2018 erklärte der Spezialist in der französischen Zeitschrift *Science et Avenir* (zu Deutsch: Wissenschaft und Zukunft) übrigens, dass ihn die amerikanische Politszene derzeit an jene Politik denken ließe, die von Schimpansen ausgeübt wird: »Vor allem die Körpersprache von Trump, aber nicht nur seine, sondern auch die von anderen Mackern in der Politik, die sich größer machen, um andere zu beeindrucken: Das sieht man oft.« Er betonte allerdings, dass, obwohl viele den Milliardär als »Alphamännchen« bezeichnet hätten, als er Präsident wurde, das Alphamännchen bei den Schimpansen weit mehr als nur sehr groß und sehr stark sei. »Es kommt auch vor, dass das kleinste Männchen zum Alphatier wird, weil es nämlich ein Koalitions- und Politiksystem gibt«, meint Frans de Waal. »Ein gutes Alphamännchen erhält auch den Frieden innerhalb seiner Gruppe aufrecht, spendet Trost bei Problemen und verteidigt die Schwächeren. Führungsqualitäten sind wichtig, vor allem bei den Schimpansen. Alphamännchen mit diesen Vorzügen sind oft sehr beliebt, während diejenigen, die alle anderen terrorisieren, eher unbeliebt sind. Und am Ende verlieren sie häufig ihre Position.«

Diejenigen, die denken, dass sie die Brust rausstrecken müssen, um nicht gestürzt zu werden, scheinen zu vergessen, dass die Lebensdauer von Führungspersonen auch einfach davon abhängt, wie zufrieden ihre Untergebenen sind. Erica van de Waal, Primatologin an der Universität von Lausanne, nennt die afrikanischen Affen, die sie untersucht, als Beispiel: »Bei meinen kleinen Grünmeerkatzen war ein schmächtiger Buckeliger mehr als vier Jahre lang das herrschende Männchen. Das ist wirklich eine sehr lange Zeit, weil die Führungsposition bei dieser Affenart normalerweise jedes Jahr wechselt.« Dass das Männchen über so einen langen Zeitraum an der Spitze der Rangordnung geblieben ist, liegt daran, dass es der Liebling der Weibchen war, die ihn die ganze Zeit über in Konfliktsituationen unterstützten. »Er hatte vollkommen verstanden, was sie von einem dominanten Männchen erwarteten«, fährt die Forscherin fort, »nämlich, dass es häufig Wache hält, während die anderen essen, um Raubtiere zu erspähen. Außerdem hat er viel Zeit damit verbracht, die Weibchen zu putzen und sogar mit den Jungen zu spielen.«

DIESES ALPHAMÄNNCHEN WAR MAGER UND BUCKLIG, ABER ES WAR DER LIEBLING DER WEIBCHEN. DESHALB WOLLTEN DIESE NICHT, DASS EIN ANDERES MÄNNCHEN SEINEN PLATZ EINNAHM, SELBST WENN ES ZWEIMAL SO STARK GEWESEN WÄRE.

ERICA VAN DE WAAL
PRIMATOLOGIN

Damit sind wir ziemlich weit weg vom »globalen Macho«, den die Neue Zürcher Zeitung 2019 zum führenden politischen Phänotyp der Gegenwart erhob und nebenbei feststellte, dass die Zahl der Frauen in der G20 sehr weit gesunken war. Doch wenn wir Erica van de Waal und ihren kleinen Meerkatzen Glauben schenken, hat das Unter-sich-Bleiben seine Grenzen: »Es ist feststellbar, dass die Weibchen umso dominanter werden, je mehr Männchen in der Gruppe sind, weil diese zu viel Zeit damit verbringen, sich gegenseitig zu bekämpfen.« So gesehen können wir uns damit trösten, dass wir vielleicht kurz vor einer durchschlagenden Entwicklung stehen.

11. Die Gefahren des Mutterseins

Aaaach, die Mutterschaft: die Berufung, die angeblich ganz selbstverständlich ist und jeder Frau Glück, Erfüllung und die Antwort auf die Frage nach dem Sinn des Lebens bringt. Ich weiß ja nicht, wie ihr das seht, aber ich persönlich fand diesen grenzenlosen Enthusiasmus schon immer etwas fragwürdig. Wird uns da vielleicht etwas verheimlicht?

»Die Mutterschaft ist eine der schwierigsten Herausforderungen, der ein Primat in seinem ganzen Leben zu begegnen hat«, meint der Verhaltensforscher Frans de Waal.[1] Und dabei spricht er nicht von den Risiken, die eine Schwangerschaft und eine Entbindung bergen.[2] Sofern sie diese ersten Schritte überlebt haben, liegt vor den Müttern vieler Arten noch ein gefährlicher und hindernisreicher Weg. Ein Weg, dessen Schwierigkeitsgrad von allen möglichen Faktoren abhängt, vor allem von ihrer Stellung und ihrem sozialen Netzwerk, oder aber auch von der väterlichen Beteiligung, sofern diese vorhanden ist (Kapitel 12 und 13).

> EINE SCHWANGERSCHAFT IST FÜR MILLIONEN VON MENSCHEN AUF DER GANZEN WELT, DIE KEINEN ZUGANG ZU QUALITATIV HOCHWERTIGER MEDIZINISCHER VERSORGUNG HABEN, NACH WIE VOR EINE FURCHTBAR GEFÄHRLICHE ERFAHRUNG.

TEDROS ADHANOM GHEBREYESUS
VORSITZENDER DER
WELTGESUNDHEITSORGANISATION

> BEI DEN PRIMATEN IST DIE MUTTERSCHAFT EINE SACHE VON LEBEN UND TOD, BEI DER SIE GEFÄHRLICHE KOMPROMISSE EINGEHEN, UM IN EINEM RISKANTEN UND KRÄFTEZEHRENDEN DRAHTSEILAKT DAS GLEICHGEWICHT ZU HALTEN.

LUCY COOKE
ZOOLOGIN UND REGISSEURIN

Das Beispiel der weiblichen Steppenpaviane, das die Zoologin Lucy Cooke in *Bitch – Ein revolutionärer Blick auf Sex, Evolution und die Macht des Weiblichen im Tierreich*[3] anführt, ist so vielsagend, dass ich Lust hatte, es euch hier zusammenzufassen. Dass wir heute etwas mehr über ihre dramatische Geschichte wissen, verdanken wir den Feldbeobachtungen, die die unermüdliche Biologin und Mathematikerin Jeanne Altmann über mehrere Jahrzehnte hinweg bei den Affen im Amboseli-Nationalpark in Kenia durchgeführt hat. Ich warne euch vor, es ist trashig, aber immerhin gibt es eine Art Happy End, oder zumindest einen Hoffnungsschimmer, am Ende.

1 *Der Unterschied. Was wir von Primaten über Gender lernen können*, Frans de Waal, übers. v. Claudia Arlinghaus, Klett-Cotta, 2022.
2 Zahlen der Vereinten Nationen zufolge ist 2020 alle zwei Minuten eine Frau an vermeidbaren Ursachen in Verbindung mit Schwangerschaft und Entbindung gestorben.
3 Lucy Cooke, ebd.

Bei weiblichen Steppenpavianen mit jungem Nachwuchs, erklärt Lucy Cooke, wird die doppelte Arbeitsbelastung dadurch ins Extreme gesteigert, dass sie 70 % ihrer Zeit damit verbringen müssen, sich fortzubewegen, Raubtiere zu meiden und Nahrung zu suchen – oft auf drei Beinen, weil das vierte ihnen dazu dient, ihr Kind an ihrer Brust zu halten, damit es fast durchgehend daran nuckeln kann. Wenn ihm die Brust seiner Mutter vorenthalten wird, steigt die Gefahr für das Neugeborene, sehr schnell an Dehydrierung zu sterben. Das Ganze ist alles andere als einfach, vor allem für frischgebackene Mütter. Die kindliche Sterberate ist hoch, besonders durch den Ernährungsstress: Weibliche Steppenpaviane haben im Durchschnitt sieben Junge im Laufe ihres Lebens, von denen nur zwei das Erwachsenenalter erreichen. Und das Todesrisiko ist sogar 60 % höher, wenn es sich um das erste Kind handelt.

Dazu muss gesagt werden, dass es für die Mutter körperlich unmöglich ist, genug Kalorien für zwei zusammenzukriegen, während sie ihr Kleines umherträgt – und dieses ist, wenn es sechs bis acht Monate erreicht, auch nicht mehr ganz so klein: »Das führt zu einem Interessenskonflikt zwischen Mutter und Kind«, erzählt Lucy Cooke. »Damit die Mutter überleben kann, muss ihr Kind anfangen zu laufen und sich seine Nahrung selbst suchen. Aber die Kleinen bevorzugen die Mitfahrgelegenheit. Sie versuchen deshalb, ihre Mutter mit psychologischen Waffen zu manipulieren, und zwar mit Wutanfällen epischen Ausmaßes, die ein zweijähriges Menschenkind erblassen lassen würden. Und diese Wutanfälle hören nicht auf, bis die Jungen völlig unabhängig sind, was zwischen ihrem ersten und dritten Lebensjahr der Fall ist.« Für die Mutter ist es also besser, die Kurve zu kriegen, denn sonst laufen beide Gefahr, dran glauben zu müssen.

Stellt euch mal diesen Druck vor, der noch viel schlimmer ist für diejenigen, die ganz unten in der sozialen Rangordnung der Paviane stehen. Die Männchen können darauf hoffen, sich in der Hierarchie weiter nach oben zu kämpfen, aber bei den Weibchen wird der Status von Mutter zu Tochter weitergegeben, und das für immer. Die, die oben stehen, haben nicht nur einen bevorzugten Zugang zu Nahrung, sondern auch ihr Nachwuchs profitiert vom Schutz der restlichen Gruppe. Und das ist unendlich wertvoll in dem Wissen, dass es bei den Pavianen, besonders beim Adel, eine Neigung zum Kidnappen von Babys weiter unten stehender Weibchen gibt. Der Grund dafür ist nicht so recht klar, vielleicht ist es auch einfach ein Spiel, aber es kann ziemlich verheerende Folgen haben, weil nicht immer sehr behutsam mit den Kleinen umgegangen wird. Und wie bereits erwähnt, hat der Säugling nur sehr geringe Überlebenschancen, sobald er sich von der Brust seiner Mutter entfernt.

PROLETARIER:INNEN ALLER SAVANNEN, VEREINIGT EUCH!

Die Weibchen, die am unteren Ende der sozialen Rangordnung geboren wurden, stehen als Mütter also unter erhöhtem Ernährungsstress, wozu der Druck hinzukommt, ihr Kind nicht aus den Augen zu verlieren (und all dieser Stress beeinträchtigt übrigens auch ihr Immunsystem). Folglich sind diese Mütter – oh, welch Überraschung – besonders ängstlich und immerzu darauf bedacht, ihr Junges zu überwachen. Das wiederum hat zur Folge, dass das Kleine erst später selbstständig wird und damit seine eigenen Überlebenschancen und die seiner Mutter in Gefahr bringt. Aaaaaaaaaah. Die höhergestellten Paviane haben viel mehr Vertrauen in das Leben – weil ja alle ihnen den Hintern küssen – und geben dieses Vertrauen an ihren Nachwuchs weiter, der schneller lernt, auf eigenen Beinen zu stehen. Ich hoffe, dass sie zumindest davon absehen, ihren weniger privilegierten Artgenossinnen pädagogische Ratschläge über die Vorteile des Loslassens zu erteilen.

Diese ganze Geschichte bereitet mir Albträume. Zum einen, weil ich sie entmutigend finde, und zum anderen, weil ich mich nicht davon abhalten kann, Parallelen zum menschlichen Elternsein zu sehen. Die weiblichen Paviane haben aber trotz allem einige Mittel, um ihrem Schicksal und dem ihrer Nachkommen eine andere Richtung zu geben. Die Wissenschaftler:innen haben festgestellt, dass diejenigen, die sich ganz oben in der Rangfolge befinden, dazu neigen, mehr Mädchen zu bekommen. Dies stellt einen Vorteil dar, weil die Stellung der Weibchen unveränderlich ist. Die, die ganz unten stehen, gebären hingegen mehr Jungs. Und diese haben wenigstens eine Chance, die Leiter mühsam hinaufzuklettern. Es ist unklar, wie die Paviane das schaffen, denn das Geschlecht kann offensichtlich nicht bewusst beeinflusst werden. Eine der von Lucy Cooke angesprochenen Erklärungen ist die der selektiven Abtreibung (siehe S. 76).

> BEI UNS, DEN BRAUNEN ANOLIS, NÜTZT ES NUR DEN MÄNNCHEN ETWAS, GROSS ZU SEIN. WENN ICH MICH DAHER MIT EINEM KLEINEN MÄNNCHEN PAARE, BEKOMME ICH EHER WEIBCHEN. WENN MEIN PARTNER JEDOCH GROSS IST, SIND MEINE BABYS EHER MÄNNLICH.

> IM FALLE VON ANGRIFFEN KÖNNEN FREUNDE EINEN GROSSEN UNTERSCHIED MACHEN – SIE HALTEN AUGEN UND OHREN OFFEN, UM GEFAHREN ZU ERSPÄHEN, SIE TOLERIEREN, DASS IHR IN IHRER NÄHE NAHRUNG ZU EUCH NEHMT, UND SIE TEILEN MANCHMAL SOGAR NAHRUNGSQUELLEN, DIE SIE GEFUNDEN HABEN.

> ALL DIE DINGE, DIE IHR VON MENSCHLICHEN FREUND:INNEN ERWARTEN WÜRDET, KÖNNEN AUCH BEI DEN PAVIANEN BEOBACHTET WERDEN.

Um sich im sozialen Gefüge zu behaupten, hat das Lumpenproletariat der Paviane noch eine andere Möglichkeit: sich Freunde zu machen. »Wir haben aufgezeigt, dass Weibchen, die Freunde haben, länger leben, und dass die Überlebenschancen ihrer Jungen höher sind«, erklärt Jeanne Altmann.[4] Und wie machen Paviane sich Freunde? Indem sie sich die Zeit nehmen, ihr Umfeld mit Eifer und Hingabe zu lausen, wobei sie nicht unbedingt versuchen, die sozialen Beziehungen zu vervielfachen, sondern sie lieber langfristig pflegen. Letzten Endes kann sich ein gutes soziales Netzwerk als vorteilhafter für das Überleben der Jungen erweisen als ein hoher sozialer Rang.

JEANNE ALTMANN
BIOLOGIN UND MATHEMATIKERIN

4 Lucy Cooke, ebd.

So sehr mich der Anfang dieser Geschichte also innerlich frösteln lässt, so sehr erfüllt mich der Schluss mit Freude und weckt in mir den Wunsch, all meine Freund:innen zu besuchen, um sie hinterm Ohr zu kraulen und sie vor allem ganz fest in den Arm zu nehmen.

»BIOLOGISCHE« FAMILIENPLANUNG

»Die Abtreibung, egal in welchem Schwangerschaftsstadium, ist eine unbewusste Anpassungsstrategie vieler weiblicher Tiere, die widrigen Umständen ausgesetzt sind, welche sie selbst oder ihren Nachwuchs in Gefahr bringen«, erklärt Lucy Cooke. Zum Beispiel zu wenig Nahrung oder zu viele Tiere – was oft auf dasselbe hinausläuft –, die falsche Jahreszeit, zu raue klimatische Bedingungen oder zu viele Fressfeinde. Die fetale Resorption ist unter anderem bei Pandas, Nagern, Bibern und einigen Hirscharten nachgewiesen.

Bei der Zebramanguste bringen die Weibchen gleichzeitig große Würfe zur Welt, die dann von der Gruppe versorgt werden. Wenn es nicht genug zu fressen gibt, kann ein Anstieg der spontanen Abtreibungen bei jungen Weibchen, die jüngere Föten tragen, beobachtet werden, insbesondere bei rangniedrigen Tieren. Über die Weibchen der pavianähnlichen Dscheladas erzählt Lucy Cooke, dass sie abtreiben, wenn ein neues Männchen die Kontrolle in der Gruppe übernimmt. Denn die Wahrscheinlichkeit ist hoch, dass der neue Anführer die Neugeborenen tötet (eine liebreizende Praktik, über die wir schon in Kapitel 6 gesprochen haben), damit die Weibchen schneller wieder fruchtbar sind und sich mit ihm fortpflanzen können. Dieses Phänomen kann auch bei anderen ganz unterschiedlichen Tierarten beobachtet werden, wie etwa bei Löwen oder bei Mäusen.

Eine andere Taktik bei der Familienplanung besteht darin, die Trächtigkeit zu pausieren. Diese Fähigkeit wurde bei mehr als 130 Säugetierarten erfasst, von der Braunbärin bis zur Ameisenbärin über die Robbe, den Nerz, den Biber, die Hirschkuh und das Gürteltier. Die Pause kann einige Tage andauern, aber auch fast ein ganzes Jahr – wie beim Derbywallaby, einem kleinen Känguru, das bis heute den Rekord hält –, um den Kleinen die Möglichkeit zu geben, in bessere Umstände hineingeboren zu werden.

DIE VORSTELLUNG, DASS EIN WEIBCHEN KNALLHART DIE ZÜGEL IHRES FORTPFLANZUNGSSCHICKSALS IN DIE HAND NIMMT, IST VIELLEICHT NICHT GERADE NACH DEM GESCHMACK DER PRO-LIFE-BRIGADE.

ABER DIE HARTE REALITÄT IST, DASS DIE NATUR ENTSCHIEDEN AUF DER PRO-CHOICE-SEITE STEHT.

LUCY COOKE
ZOOLOGIN UND REGISSEURIN

Und dann gibt es da auch noch die Ente: Laut den Forschungsergebnissen von Patricia Brenann,[5] Assistenzprofessorin für Evolutionsbiologie und Spezialistin für Genitalmorphologie (insbesondere für Vaginas anderer Tierarten) an der Universität von Massachusetts, kann die Ente eine Art Empfängnis-Sperre errichten. Wie wir in Kapitel 6 gesehen haben, kommen erzwungene Kopulationen bei den Enten häufig vor: Sie können von einem oder mehreren Männchen ausgehen und besonders heftig oder sogar tödlich für das Weibchen sein. Allerdings entstehen erstaunlich wenige Entenküken aus diesen brutalen Paarungsakten. Laut Patricia Brenann liegt das daran, dass die weiblichen Enten durch ihre labyrinthartige vaginale Struktur, die sich spiralförmig in der entgegengesetzten Richtung zum korkenzieherförmigen Penis der Erpel dreht, dazu in der Lage sind, unerwünschtes Sperma zu blockieren. Dadurch können sie nicht nur einer Mutterschaft ausweichen, sondern sie verhindern außerdem, dass die Gene ihrer Angreifer verbreitet werden.

5 Lucy Cooke, ebd.

12. Väterliche Fürsorge: Reh vs. Seepferdchen

Der Drahtseilakt der Mutterschaft, den wir im vorhergehenden Kapitel behandelt haben, ist sicherlich weniger extrem, wenn die Väter sich auch beteiligen. Aber das ist nicht für alle selbstverständlich. Im September 2020 hat die Schweizer Bevölkerung mit 60,3 % der Stimmen einen zweiwöchigen Vaterschaftsurlaub ins Leben gerufen. Zwei Wochen sind nicht viel, und dennoch haben die Gegner:innen des Gesetzesentwurfs im Vorfeld der Abstimmung schwere Geschütze aufgefahren. Vor allem in Form eines Totschlagarguments, welches der Nationalrat der SVP[1] Yves Nidegger vorgebracht hat: »Es sind die Mamas, die nachts aufstehen, wenn das Baby schreit, nicht die Papas – das ist biologisch festgelegt, das ist einfach so.«

Da die Frage: angeboren oder erlernt – Natur oder Kultur – schon seit Ewigkeiten in der wissenschaftlichen Gemeinschaft tobte, ohne dass jemand wirklich die Fäden entwirren und eine klare Antwort finden konnte, war es höchste Zeit, dass Herr Nidegger zu Hilfe eilte. Dazu muss gesagt werden, dass es in der SVP eine lange Tradition der wissenschaftlich völlig festgefahrenen Argumentation zu diesem Thema gibt. Vor etwa zehn Jahren hat Ueli Maurer, Ex-Bundespräsident der Schweiz und ebenfalls SVP-Mitglied, die Debatte bereichert, indem er daran erinnerte, dass die Frauen sich um die Kinder zu kümmern haben, weil es sich so schließlich auch bei den Rehen abspielt.

Ich kenne zwar den Grad des Engagements nicht, das Herr Reh bei seinen Kitzen an den Tag legt, aber es ist durchaus möglich, dass der Ex-Bundespräsident recht hat: In vielen Tierarten kümmern sich die Väter nicht um ihre Jungen. Der Vorteil des »Biologischen« und der »Natur« ist allerdings, dass das ein weites Feld ist und dass jede:r das Beispiel wählen kann,

IN 90 % BIS 95 % DER VOGELARTEN SIND DIE VÄTER SEHR FÜRSORGLICH: SIE BLEIBEN MIT DER MUTTER ZUSAMMEN BEIM NEST, UM DIE JUNGEN ZU VERSORGEN, UND BRÜTEN VORHER AUCH DIE EIER AUS.

ANNA MACHIN
EVOLUTIONSANTHROPOLOGIN

das eben gerade am besten passt. Anna Machin ist Evolutionsanthropologin und hat zehn Jahre mit der Erforschung der Vaterschaft verbracht, deren Ergebnisse sie in einem Buch mit dem Titel *Papa werden*[2] gesammelt hat. Sie weist darauf hin, dass fürsorgliche Väter bei den meisten Säugetieren selten, bei Vögeln jedoch eher die Norm sind. Bei einigen Arten, wie beim südamerikanischen Blatthühnchen, übernimmt das Männchen alles ganz allein, ohne die Hilfe des Weibchens.

---

1 Schweizer Volkspartei, erste Partei der Schweiz, nationalistische extreme Rechte.
2 *Papa werden. Die Entstehung des modernen Vaters,* Anna Machin, übers. v. Ursel Schäfer und Enrico Heinemann, Verlag Antje Kunstmann, 2020.

Ich könnte hier auch die Wels-, Kaiserpinguin- oder Geburtshelferkrötenpapas nennen, aber am berühmtesten ist das männliche Seepferdchen, das die Eier in seiner Bauchtasche ausbrütet. Jede:r hat ja eigene Neigungen und manche fühlen sich vielleicht den Rehen näher – ich persönlich bevorzuge die Seepferdchen.

Bei manchen Meereswelsen ist es das Männchen, das über die Eier und den Nachwuchs wacht, bis sie groß genug sind, um allein zurechtzukommen. Und das in allergrößter Nähe, denn es trägt sie etwa zwei Monate lang in seinem Maul — zwei Monate also, in denen es quasi gar nicht frisst.

Bei den Seepferdchen bebrütet das Männchen die Eier einige Wochen lang in einer Bauchtasche. Dann bekommt es Wehen und stößt Hunderte oder sogar Tausende von Jungen aus. Die Geburt kann bis zu vier Tage andauern.

Nachdem es dem Weibchen beim Eierlegen geholfen hat, wickelt die männliche Geburtshelferkröte die Eier um seine Hinterbeine. Es behält sie dort, bis sie schlüpfen — was drei bis acht Wochen dauert —, während es darauf achtet, sie regelmäßig zu befeuchten.

Nach der Legezeit bricht das Kaiserpinguinweibchen zum Ozean auf, um neue Kraft zu schöpfen. Bis zum Schlüpfen kümmert sich dann das Männchen um das Ei. Es balanciert es auf seinen Füßen, damit es nicht den gefrorenen Boden berührt, und hält es unter einer Hautfalte warm. Zwei Monate lang kümmert sich das Kaiserpinguinmännchen um das Ei, ohne dabei etwas in den Schnabel zu bekommen.

Wenn wir aber über Beispiele sprechen wollen, die uns im Stammbaum etwas näher sind, müssen wir gar nicht mal so weit gehen. Auch bei den Menschen gibt es Papas, die genauso fürsorglich sind wie ihre Fortpflanzungspartnerin, oder sogar fürsorglicher. Ich schwöre euch, ich habe mit meinen eigenen Augen welche gesehen, es gibt sie wirklich. Anna Machin erklärt: Auf der globalen Ebene sind die Männer des Volkes der Aka, einem Jägerinnen-Sammlerinnen-Stamm im Dschungel des Kongobeckens, die Sieger. »Dort finden wir die fürsorglichsten Väter der Welt. Jeden Tag verbringen sie fast 50 % ihrer Zeit in Körperkontakt mit ihren Kindern: Sie tragen sie herum, anders als die Mütter, die lediglich mit den Kindern zusammen schlafen.«

Nun wendet sich die Wissenschaft jedoch häufig Jäger-Sammler-Völkern zu, wenn sie sich Fragen über die »ursprüngliche« Menschheit, 100 % natürlich sozusagen, stellt – unter dem Vorwand, dass die ja kein Netflix haben. Das ist vielleicht ein kleines bisschen vereinfachend, und dann gibt es sicherlich auch noch andere Gruppen von Jägern und Sammlern, in denen die Väter sich weniger beteiligen als die Erzeuger bei den Aka. In meinem Bankerinnen-Uhrmacherinnen-Stamm sind wir davon jedenfalls weit entfernt. Aber ich finde es ziemlich tröstlich zu wissen, dass es innerhalb unserer Spezies sehr unterschiedliche Modelle bei der Verteilung der elterlichen Aufgaben gibt.

JA GUT, ABER LOHNT SICH EIN NETFLIX-ABO JETZT ODER NICHT?

Was den Anteil von Natur und Kultur am Grad der väterlichen Fürsorge angeht, so ist es, wie oben bereits erwähnt, sehr schwierig, das eine vom anderen zu trennen, außer offenbar für die Herren der SVP. Wobei Anna Machin ebenfalls eine recht geteilte Meinung zu diesem Thema hat: »Die väterliche Fürsorge steht sehr unter dem Einfluss der Kultur und der Gesellschaft und ist eines der Probleme, die wir in Großbritannien haben. Auf individueller Ebene würden sich einige Väter gern mehr engagieren, aber auf der kulturellen ist es immer noch schwierig, zu akzeptieren, dass ein Vater zu Hause bleibt und die Kinder erzieht, während die Mutter arbeiten geht. Manchmal müssen Väter also ihre kulturelle Haltung ändern und das kann ziemlich schwer sein.«

Schwierig, langwierig und nicht leicht verdient: Im Zweifelsfall vermehre ich mich nächstes Mal mit einem Seepferdchen.

13. Die Rolle der väterlichen Fürsorge beim Menschen

Im letzten Kapitel haben wir uns angeschaut, welche Talente das südamerikanische Blatthühnchen und das Seepferdchen im Bereich der Vaterschaft haben. Bei den Säugetieren ist ein solches Engagement sehr selten: Nur in 5 % der Arten kümmern sich die Väter um ihren Nachwuchs. Und wir sind die einzigen Primaten, bei denen eine Aufteilung der elterlichen Aufgaben erfolgt. Einigen Wissenschaftler:innen zufolge ist das übrigens einer der Gründe für unseren Erfolg – oder unsere weitläufige Verbreitung, das kommt ganz auf den Standpunkt an.

WISST IHR, WAS PASSIERT, WENN EIN RHESUSAFFENBABY MIT EINEM ERWACHSENEN MÄNNCHEN UND EINEM ERWACHSENEN WEIBCHEN IN EINEN KÄFIG GESPERRT WIRD? NACH EINEM KURZEN MOMENT DES UNBEHAGENS IST ES STETS DAS WEIBCHEN, DAS REAGIERT. ES NIMMT DAS BABY IN SEINE ARME UND LEGT ES AN SEINEN BAUCH, WÄHREND ES MIT DEN LIPPEN SCHNALZT, UM ES ZU BERUHIGEN. DAS MÄNNCHEN IGNORIERT DAS KLEINE.

Übrigens schläft sie dabei normalerweise irgendwann ein: Das Baby zu halten führt bei Primaten zu einem Gefühl der Entspannung.

WENN DAS MÄNNCHEN ALLERDINGS GANZ ALLEIN MIT DEM BABY IST UND SICH ZU BEGINN UNBEHAGLICH FÜHLT, REAGIERT ES SCHLIESSLICH MEIST WIE DAS WEIBCHEN. ES NIMMT DAS JUNGE UND LEGT ES SICH IN DER RICHTIGEN POSITION AUF DEN BAUCH UND ES SCHNALZT MIT DEN LIPPEN, WÄHREND ES DAS KLEINE ZÄRTLICH HÄLT. GANZ DER PERFEKTE VATER.

ROBERT W. GOY

PRIMATOLOGE UND PSYCHOLOGE

Im Laufe der Entwicklung der menschlichen Abstammungslinie ist das Volumen unseres Gehirns ganz schön angestiegen. Heißt das aber, dass wir schlauer geworden sind? Das ist gut möglich. Und vielleicht hat diese Ausweitung des Gehirns uns dazu befähigt, die Spitze der Nahrungskette zu erreichen und so ziemlich die ganze Erdoberfläche zu bevölkern. In Kapitel 16 werden wir jedoch sehen, dass wir uns mit vorschnellen Schlussfolgerungen über die Verbindung zwischen der Schädelgröße und den kognitiven Fähigkeiten lieber zurückhalten sollten.

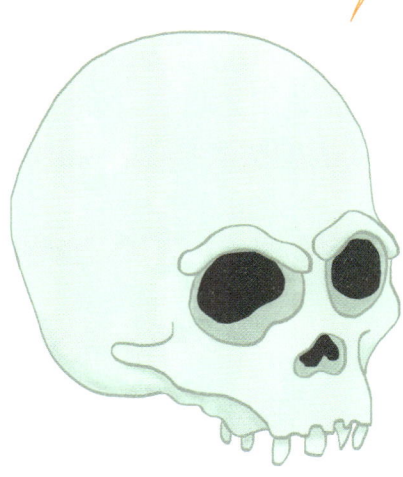

MAN KÖNNTE MEINEN, UNS SEI DER ERFOLG ZU KOPF GESTIEGEN.

EVOLUTION DES SCHÄDELS IN DER MENSCHLICHEN ABSTAMMUNGSLINIE

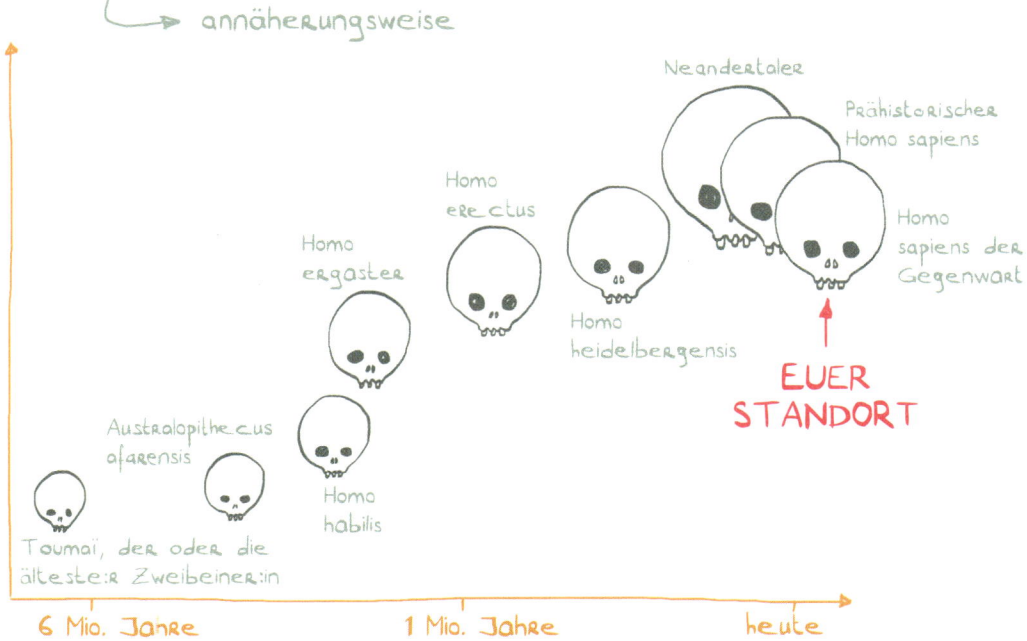

annäherungsweise

ENDOKRANIALES VOLUMEN

Neandertaler

Prähistorischer Homo sapiens

Homo erectus

Homo sapiens der Gegenwart

Homo ergaster

Homo heidelbergensis

EUER STANDORT

Australopithecus afarensis

Homo habilis

Toumaï, der oder die älteste:r Zweibeiner:in

6 Mio. Jahre   1 Mio. Jahre   heute

ZEIT (NICHTLINEAR)

Wie dem auch sei: Es knirscht weiter unten im
Getriebe. »Wir haben ein sehr großes Gehirn,
aber wir laufen auch auf zwei Beinen«, erklärt
die Evolutionsanthropologin Anna Machin.[1] Die
Zweibeinigkeit hat nämlich eine Verengung des
Beckens mit sich gebracht, die es nicht möglich
macht, Kinder mit einem zu großen Schädel
zu gebären. »Wenn unsere Babys geboren
werden, sind sie unglaublich abhängig von uns.
Eigentlich kommen sie viel zu früh auf die Welt.
Aber der Kopf würde sonst nicht mehr durch
den Geburtskanal passen. Deshalb müssen wir
ihnen viel Aufmerksamkeit widmen, vor allem
in den ersten zwei Lebensjahren. Ohne die
Aufmerksamkeit, die die Mütter und Väter ihnen
zukommen lassen und die sie ihnen schon seit der
Entwicklung des elterlichen Instinkts gewidmet
haben, wäre unsere Spezies vor einer halben
Million Jahren verschwunden.«

WENN IHR VIERBEINER SEID, DANN
SIND EURE BEINE WIE DIE EINES
TISCHES ANGEORDNET, JEDES MIT
EINER BESTIMMTEN ENTFERNUNG
VON DEN ANDEREN, AN DEN VIER
ECKEN EURES KÖRPERS.

DIE BEINE EINES ZWEIBEINERS
HINGEGEN BEFINDEN SICH NAH
BEIEINANDER, WAS BEDEUTET,
DASS WIR EINEN BECKEN-GENITAL-
KANAL BESITZEN, DER VIEL TIEFER
UND ENGER IST ALS BEI UNSEREN
VIERBEINIGEN FREUNDINNEN.

ANNA MACHIN

EVOLUTIONSANTHROPOLOGIN

1 Anna Machin war lange an der Universität von Oxford tätig und ist die Autorin von *Papa
werden. Die Entstehung des modernen Vaters,* Anna Machin, übers. v. Ursel Schäfer und
Enrico Heinemann, Verlag Antje Kunstmann, 2020.

Becken eines Schimpansen

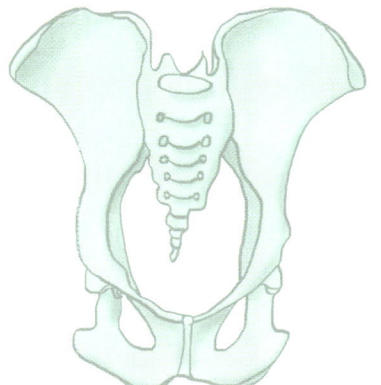

menschliches Becken

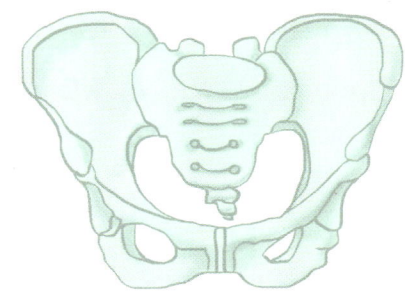

Bei den Säugetieren gilt die weibliche Fürsorge als selbstverständlich: Angesichts des Risikos und der Kraft, die das Weibchen aufbringen muss, um ein Kind zu gebären (siehe Kapitel 11), scheint es vom evolutionären Standpunkt aus logisch, dass es sich ganz dessen Überleben widmet und die Weitergabe der Gene an zukünftige Generationen sicherstellt.[2] Beim Männchen hingegen ist die führende wissenschaftliche Meinung lange davon ausgegangen, dass die ergebnisreichste Strategie darin besteht, das eigene Sperma möglichst weitreichend zu verteilen, ohne Zeit damit zu verschwenden, den Nachwuchs zu verhätscheln. Aber in Kapitel 6 haben wir bereits gesehen, dass diese Theorie heutzutage überholt ist. Außerdem war bei den Menschen mit ihren ultraabhängigen Nachkommen eine derart unausgewogene Arbeitsteilung offenbar nicht tragbar.

ICH BIN IMMER WIEDER ERSTAUNT ZU SEHEN, DASS EIN SCHIMPANSENBABY BEREITS EINIGE TAGE NACH SEINER GEBURT DAZU FÄHIG IST, FLINK UND OHNE HILFE AUF BÄUME ZU KLETTERN.

ANNA MACHIN

EVOLUTIONSANTHROPOLOGIN

2 Im Zusammenhang mit meiner eigenen Mutterschaft frage ich mich übrigens manchmal, ob der Grad der Anstrengung nicht zentral für die elterliche Bindung ist. Wenn wir uns so sehr verausgaben für unser Kind, geht wirklich ein Teil von uns selbst – und damit meine ich nicht die Gene, sondern den Schweiß, die Lebensenergie und die Schlafstunden – in das neue Wesen über.

»Stellen wir uns mal vor, ihr habt zehn Frauen und die haben zehn Babys, aber die Babys sterben alle: Dann überleben eure Gene nicht«, erklärt Anna Machin. »Es ist besser, sich auf eine einzige Frau zu konzentrieren, sich für ein Kind einzusetzen und sicherzustellen, dass dieser Satz an Genen überlebt. Vor einer halben Million Jahren hat sich eine bedeutende Wende in der menschlichen Evolution vollzogen: Die Väter haben den Lebensstil der großen sexuellen Freizügigkeit aufgegeben, der den meisten Menschenaffen eigen ist, und ihre Energie von der Suche nach Fortpflanzungspartnerinnen auf das Vatersein verlagert.« Die Männer (genau wie die Frauen) sind dabei nicht unbedingt streng monogam geworden. Aber in allen Gesellschaften – sogar in den polygamen – kümmern sie sich im Allgemeinen mehrere Jahre lang um ihre Kinder.

Es wird außerdem vermutet, dass diese Zusammenarbeit, die notwendig ist für das Überleben der Jüngsten, sei es zwischen Eltern oder innerhalb einer Gruppe, die Grundlage für die Kooperationsfähigkeit und die Geselligkeit der Menschen darstellt – und das ist scheinbar ein weiterer Antrieb für unseren Aufstieg in der Nahrungskette. Die Aufteilung der elterlichen Pflichten hat uns also vermutlich dabei geholfen, unsere Schädelkapazität zu steigern, während sie überdies die Struktur unserer Spezies verändert hat. Und eben auch die Biologie der Männer, wie es scheint.

Anna Machin erläutert, dass, wenn der zukünftige Vater während der Schwangerschaft mit seiner Partnerin zusammenwohnt, sich der Oxytocinspiegel der beiden – das ist dieser Neurotransmitter, der dafür bekannt ist, die Bindung zwischen Personen zu stärken – angleicht. Wie bei der schwangeren Frau steigt das Volumen der grauen und weißen Substanz im Gehirn in den Zonen, die mit Empathie, Vorausschau und all den anderen Sachen, die in der Elternschaft eine Rolle spielen, verknüpft sind.

Und das ist noch nicht alles. »Wenn ein Mann zum ersten Mal Vater wird, nimmt sein Testosteronspiegel ab. Und das ist wirklich entscheidend, denn es hilft ihm, sich von der Partnersuche auf die elterliche Fürsorge umzustellen. Ein erhöhter Testosteronspiegel ist keine große Hilfe, wenn man ein guter, einfühlsamer und hingebungsvoller Vater sein will – also sinkt er.« Und so bleibt es auch: Wenn man Vater wird, dann für immer.

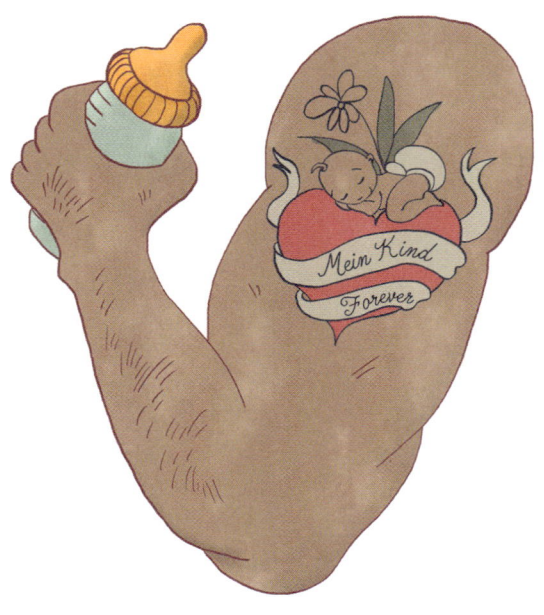

14. Und wie steht's um das Testosteron?

Ahhh, das Testosteron, da wären wir ja endlich! An dieser Stelle lohnt es sich, noch einmal auf die Behauptung vom Ende des letzten Kapitels einzugehen – also darauf, dass dieses Hormon bei Männern, die ein Baby bekommen, abnimmt und ihnen somit dabei hilft, bessere, sensiblere Väter zu werden. Indem sich der Testosteronspiegel senkt, werden Väter von der Partnersuche auf die Elternschaft umprogrammiert. Es lohnt sich, diese Behauptung genauer unter die Lupe zu nehmen, weil sie mit Testosteron-verbundenen Eigenschaften, die im Volksglauben fest verankert sind, zusammenhängt – selbst wenn einige von ihnen von der Forschung weitgehend infrage gestellt werden. Die Wissenschaftssoziologin Rebecca M. Jordan-Young und die Anthropologin und Bioethikerin Katrina Karzakis haben eine grundlegende Untersuchung durchgeführt, um Volksglauben und veraltete Forschung vom aktuellen Wissensstand zu trennen.[1]

Dazu muss gesagt werden, dass das Testosteron im kollektiven Gedächtnis einen festen Platz hat. Es kommt schon selten genug vor, dass ein Hormon unter seinem Spitznamen bekannt ist, und dieses hier hat auch noch einen fast mythologischen Status erreicht. Es ist der Männermacher, das Kraft-, Lust- und Männlichkeitselixier, das Hormon von Zeus, Hulk und Mister T. Und bei Menschen, deren Körper sich auf dem Weg der männlichen Entwicklung befinden, kann es tatsächlich ziemlich verrückte Auswirkungen haben – auf die Muskelmasse, die Körperbehaarung, die Stimme, ja sogar auf die Kantigkeit des Kiefers. In *Testo Junkie*[2] berichtet der Transphilosoph Paul B. Preciado von seinen eigenen Versuchen mit Testosteron – davon, wie er seinen eigenen Organismus gehackt hat – und ich muss sagen, das ist ziemlich verlockend.

DAS TESTO-TRIO

BEGIERDE – KRAFT – AGGRESSIVITÄT

NACH UND NACH STELLT SICH EINE AUSSERGEWÖHNLICHE KLARHEIT EIN, BEGLEITET VON EINEM EXPLOSIONSARTIGEN ANSTIEG DER LUST, ZU VÖGELN, ZU LAUFEN, AUSZUGEHEN, DIE GANZE STADT ZU DURCHQUEREN. DIES IST DER HÖHEPUNKT, HIER ZEIGT SICH DIE SPIRITUELLE KRAFT DES TESTOSTERONS, DAS SICH MIT MEINEM BLUT VERMISCHT.

JEGLICHE UNANGENEHMEN GEFÜHLSZUSTÄNDE VERSCHWINDEN.

PAUL B. PRECIADO

PHILOSOPH UND SCHRIFTSTELLER

1 *Testosterone, an unauthorized biography*, Harvard University Press, 2019.
2 *Testo Junkie: Sex, Drogen und Biopolitik in der Ära der Pharmapornografie*, Paul B. Preciado, übers. v. Stephan Geene, b_books, 2016.

Aber das Hormon hat auch ziemlich viel Dreck am Stecken: Man bringt es vor allem mit Risikobereitschaft, fehlender Empathie und allgemeiner Aggressivität in Verbindung. Die Weltfinanzkrise? Seine Schuld. Ebenso die Überrepräsentation von Männern in Gefängnissen, Polizeigewalt und #MeToo. Und dann auch noch der Krieg in der Ukraine und überhaupt alle Konflikte in der Welt, wenn wir schon mal dabei sind. Das ist ganz schön viel Verantwortung für ein kleines Molekül aus Kohlen-, Wasser- und Sauerstoff, oder? Und es erweckt den Eindruck, als sei es unvermeidlich, dass bestimmte menschliche Wesen sich aufführen wie eine T-Rex-Bande im Porzellanladen. Nur dass in dieser Mythologie scheinbar ziemlich viel miese Wissenschaft und Unehrlichkeit stecken.

TESTOSTERON-MOLEKÜL:

$C_{19} H_{28} O_2$

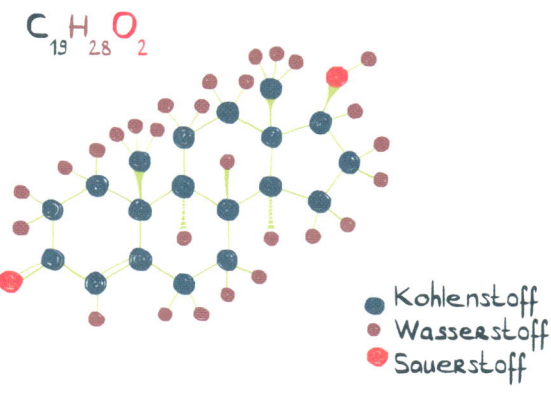

● Kohlenstoff
● Wasserstoff
● Sauerstoff

Gegen Ende der 1880er Jahre versuchte dieser feine Herr, sich gegen das Altern zu wehren, indem er sich eine Flüssigkeit spritzte, die den Hoden von Meerschweinchen und Hunden entnommen war.

MEIN HARNSTRAHL HAT SICH UM 25 % VERLÄNGERT.

UND BEI DER AUSSCHEIDUNG VON FÄKALIEN HABE ICH DEN GRÖSSTEN FORTSCHRITT FESTGESTELLT: MEINE ALTEN KRÄFTE SIND ZURÜCK, UND DAS SELBST AN TAGEN MIT STARKER VERSTOPFUNG!

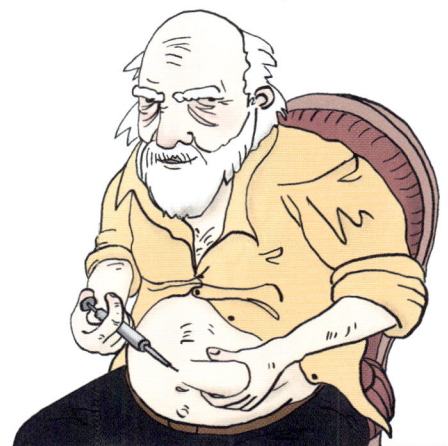

CHARLES-ÉDOUARD BROWN-SÉQUARD

PHYSIOLOGE UND NEUROLOGE AUS DEM 19. JH.

In ihrer unautorisierten Biografie des Testosterons knüpfen sich Rebecca M. Jordan-Young und Katrina Karzakis die ursprünglichen Arbeiten vor, auf denen die Forschung zum Hormon und dessen Ruf basieren, um genau unter die Lupe zu nehmen, was darin schiefgelaufen ist. Die beiden Forscherinnen prüfen die vielen Studien über das Molekül, dem sie den Spitznamen »T« geben, und heben die Art und Weise hervor, auf die die Daten häufig zurechtgebogen wurden, bis sie das erwartete Ergebnis geliefert haben. Das heißt, bis die Ergebnisse den Status quo und insbesondere die Ungleichheiten zwischen Mann und Frau (sowie andere rassistische und klassistische Theorien) gerechtfertigt haben. Obwohl ein großer Teil dieser Ergebnisse, und vor allem die angebliche Verbindung zwischen Testosteron und Gewalttätigkeit, seitdem widerlegt wurde, sind sie dennoch tief ins kollektive Gedächtnis eingesickert und inzwischen kaum noch daraus loszuwerden. Das sind Zombiefakten, meinen Rebecca M. Jordan-Young und Katrina Karzakis: Sie weigern sich, zu sterben. Wissenschaftler:in zu sein, betonen die beiden, heißt jedoch auch, den mentalen Autopiloten ausschalten zu können, um Überlegungen voranzubringen.

ES IST GERECHTFERTIGT, DIE VORHERRSCHAFT DES WEISSEN MANNES AUF DEM PLANETEN DER ALLGEMEIN HÖHEREN KONZENTRATION VON OMNIPOTENTEN HORMONEN IN SEINEM BLUT ZUZUSCHREIBEN. DAHINGEGEN IST DER SCHWARZE EHER NEBENNIERENINSUFFIZIENT UND DER MONGOLE EHER HYPOTHYREOT. IHR RELATIVER MANGEL AN INNEREN SEKRETEN MACHT DAS WESEN DER BÜRDE DES WEISSEN MANNES AUS.

Falls ihr euch fragen solltet, ob der Autor dieses Buches irgendein Spinner am Rande der Gesellschaft war: Nein, er war Arzt, Professor an der New Yorker Columbia-Universität und dortiger Begründer der Gesellschaft für Endokrinologie.

The Glands Regulating Personality, Louis Berman, Ed. The Macmillan Co., 1922.

Dieses Werk wurde übrigens in der renommierten Zeitschrift Nature besprochen und Dr. Berman erhielt einen Nachruf in der New York Times.

AUF DER EINEN SEITE KANN UNS DER RUF DES TESTOSTERONS DIE ÄUSSERST SCHWIERIGE AUFGABE ABNEHMEN, TIEF VERWURZELTE UNGLEICHHEITEN ANZUFECHTEN. ER ERLAUBT ES UNS, DIE HÄNDE IN DEN SCHOSS ZU LEGEN UND UNS DARAUF AUSZURUHEN, DASS DER AKTUELLE ZUSTAND DER DINGE EINFACH UNABWENDBAR IST.

ABER AUF DER ANDEREN SEITE WERDEN T UND DIE ANDEREN HORMONE WEITGEHEND ALS FORMBAR BETRACHTET UND GAR NICHT SO SEHR ALS STATISCH UND STARR.

REBECCA JORDAN-YOUNG & KATRINA KARZAKIS

WISSENSCHAFTSSOZIOLOGIN & ANTHROPOLOGIN UND BIOETHIKERIN ZOMBIEJÄGERINNEN

Allerdings gab es von Anfang an ein großes Missverständnis: Testosteron als das männliche Hormon schlechthin darzustellen bedeutet nämlich, zu verschweigen, dass es auch für die Frau wichtig ist. Bei Frauen wird es von den Eierstöcken produziert und hat offenbar einen Nutzen für den Eisprung. In einigen Fällen scheint es Frauen zu helfen, die Fruchtbarkeitsprobleme haben. Aber dieser Forschungsbereich hat es schwer, sich weiterzuentwickeln. Ein Molekül als Androgen – also buchstäblich als »Erzeuger des Männlichen« – zu klassifizieren, nimmt zwingendermaßen einen Einfluss auf seine akademische Laufbahn.

Sicherlich produzieren Männer durchschnittlich mehr davon als Frauen, aber das sind Mittelwerte: Auf individueller Ebene haben einige Frauen höhere Testosteronwerte als manche Männer. Und überhaupt fällt es schwer, da Normen festzulegen. »T« ist schwer zu ermitteln; es variiert im Laufe des Tages, des Monats, der Jahreszeit. Und des Lebens. Zu welchem Zeitpunkt soll es gemessen werden? Und was wird da eigentlich genau gemessen? Testosteron existiert in unserem Körper nämlich in unterschiedlichen Formen und die Werte sind nicht unbedingt die gleichen in Blut, Speichel und Urin. Außerdem ist unklar, ob die Wirkung des Hormons eher von der Dosierung oder von der Wirkkraft der Rezeptoren abhängt.

> WIR STEHEN VOR EINEM RIESIGEN BEREICH DES NICHTWISSENS.

PAUL B. PRECIADO
PHILOSOPH UND SCHRIFTSTELLER

Diese Vielfältigkeit macht es schwer, die Studien zu vergleichen, und lässt großen Spielraum für das sogenannte cherry picking (wörtlich »Kirschenpflücken«), also für das Herauspicken von Ergebnissen, die sich mit der Ausgangshypothese gut vertragen. Hypothesen wie zum Beispiel die, dass Hormone das Gehirn angeblich vermännlichen oder verweiblichen. Diese Behauptung hat 2017 einen öffentlichen Wiederaufschwung erlebt, im Zuge eines internen Memos bei Google, in dem einer der Angestellten des Unternehmens den geringen Anteil an Frauen auf angesehenen Posten des Silicon Valley auf ihre Biologie, und vor allem auf den Mangel an Testosteron, geschoben hat. Im Volksglauben formt dieses Hormon das »Ingenieurshirn« – was auch immer das heißen mag. Aber über das sogenannte Geschlecht des Gehirns gibt es sowieso so viel zu sagen, dass ich diesem Thema das komplette Kapitel 16 widme.

WENN TESTOSTERON BESTIMMT, WER DIE ARBEITSSTELLEN IN DER TECHNOLOGIE BESETZT, MÜSSTEN DORT DOCH EIGENTLICH MÄNNER ALLER ETHNISCHEN HINTERGRÜNDE IN ÄHNLICHEN POSITIONEN ZU FINDEN SEIN, ABER DAS IST NICHT DER FALL.

REBECCA JORDAN-YOUNG

WISSENSCHAFTSSOZIOLOGIN

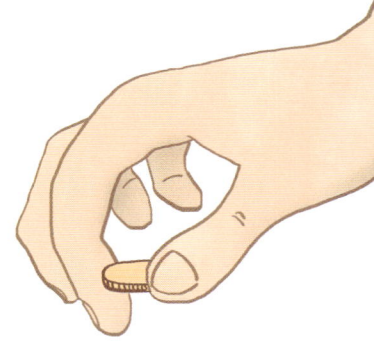

Inzwischen finden Studien, die nach den heutigen Standards, also doppelblind und unter Kontrolle des Placeboeffekts, durchgeführt werden, keinen Zusammenhang mehr zwischen dem Hormon und Aggressivität, Wut oder Feindseligkeit. Auch nicht zwischen »T« und der Bereitschaft, Risiken einzugehen. Die Autorinnen heben außerdem hervor, wie sehr sich die Forschung in diesem Bereich auf die finanzielle Risikobereitschaft konzentriert hat. Merkwürdigerweise scheint die Tatsache, dass Frauen in den USA ein 20 Mal höheres Risiko haben, bei der Geburt zu sterben, als bei einem Fallschirmsprung, nicht auszureichen, damit beispielsweise ein Mutterschaftsprojekt gegenüber Börsenhändlern, die mit dem Geld anderer Leute handeln, ins Gewicht fällt.

DIE MEISTEN WISSENSCHAFTLER:INNEN, DIE RISIKOBEREITSCHAFT UNTERSUCHEN, BETRACHTEN DAS FINANZIELLE WAGNIS ALS ULTIMATIVE VERKÖRPERUNG DIESER MENSCHLICHEN EIGENSCHAFT.

DAS WIRFT NATÜRLICH EINIGE PROBLEME AUF, WIE ETWA DIE TATSACHE, DASS WIR ERST EINMAL GELD BRAUCHEN, UM ES AUFS SPIEL SETZEN ZU KÖNNEN.

KATRINA KARZAKIS & REBECCA JORDAN-YOUNG

ANTHROPOLOGIN UND BIOETHIKERIN & WISSENSCHAFTSSOZIOLOGIN

Die Verbindung zwischen Vaterschaft und sinkendem Testosteronspiegel scheint dagegen deutlich besser belegt zu sein. Das Problem ist: Als diese Ergebnisse Schlagzeilen machten, fühlte sich ein Teil der Männer in ihrer Männlichkeit und insbesondere in ihrer Libido angegriffen. Aber auch hier gilt es, die kursierenden Gerüchte ein wenig zu überdenken. Das Testosteron wird zwar als wichtig für die Sexualfunktion angesehen, aber es reicht, ein kleines bisschen davon zu haben. Sowohl für Männer als auch für Frauen gibt es einen Schwellenwert – einen recht niedrigen –, unterhalb dessen die Sexualität in Mitleidenschaft gezogen wird. Aber oberhalb dieser Schwelle macht es keinen besonderen Unterschied, ob wir mehr oder weniger Testosteron im Blut haben, erklären Rebecca M. Jordan-Young und Katrina Karzakis. Das gilt sowohl für die Lust als auch für die Erektionsfähigkeit. Und glaubt mir, man hat es wirklich versucht – stellt euch nur mal vor, wie viel Geld die Pharmaindustrie mit irgendwelchen hormonellen Wirkungen in diesem Bereich verdienen könnte.

> DIE BEDEUTUNG DER VÄTERLICHEN FÜRSORGE IST GROSS. SIE IST SOGAR SO WICHTIG, DASS SIE DIE PHYSIOLOGIE DER MÄNNER GEFORMT HAT.

PETER ELLISON
EVOLUTIONSBIOLOGE

Der Sport ist ein weiterer Bereich, in dem die Rolle des Testosterons die Gemüter erhitzt. Aber es ist nach wie vor schwierig, eine Verbindung zwischen dem Hormon und der individuellen Leistung nachzuweisen: Eine Unmenge von Studien zeigen positive, aber auch sehr negative Zusammenhänge sowie alle möglichen Ergebnisse dazwischen, zum Beispiel beim Gewichtheben der Frauen. »T« hat zwar einen Einfluss auf die Muskelmasse, aber es macht die Athlet:innen nicht unbedingt besser. Das hängt sehr von der praktizierten Sportart ab, weil jede Disziplin andere Fähigkeiten erfordert. Als Beispiel nennen Rebecca M. Jordan-Young und Katrina Karzakis Usain Bolt, der zum Zeitpunkt des Verfassens dieser Zeilen immer noch den Weltrekord über 100 Meter, 200 Meter und Viermal-100-Meter-Staffel hält. Aber, wie er einmal einem ungläubigen Journalisten zu erklären versuchte: Er ist auf 800 Metern langsamer als Tausende von Läuferinnen, die besser platziert sind als er, darunter ein zwölfjähriges Mädchen.

»Die Vorstellung, es gäbe eine einzige entscheidende Zaubertrankzutat, die für jede Sportart funktioniert, ist echt absurd«, kommentieren Rebecca M. Jordan-Young und Katrina Karzakis. Und auch wenn der internationale Sportverband es sich in den Kopf gesetzt hat, einigen Wettkämpferinnen, denen ein überdurchschnittliches Testosteronlevel attestiert wird, das Leben zur Hölle zu machen, hat das Internationale Olympische Komitee im November 2021 immerhin angekündigt, dass es auf die Festlegung von Kriterien in diesem Bereich verzichten wird, weil nicht davon ausgegangen werden kann, dass Menschen, die in keine bestimmte Schublade passen, zwangsläufig einen Vorteil haben.

Außerdem ist es sehr schwierig, hier kausale Zusammenhänge zu erkennen. Einige Sportarten scheinen den Testosteronspiegel zu senken, während andere ihn erhöhen. Zudem können vorübergehende Anstiege nach einem Sieg, zum Beispiel beim Judo oder beim Wrestling, aber auch beim Schach, beobachtet werden – sogar dann, wenn wir selbst gar nichts tun, sondern lediglich unsere Lieblingsmannschaft im Basketball gewonnen hat. Oder aber bei einer Niederlage: Es scheint, dass nicht mal ein Sieg notwendig ist, sondern dass der Wettbewerb an sich den »T«-Spiegel ansteigen lässt.

In diesem wie in vielen anderen Fällen beeinflusst nicht der Testosteronspiegel das Verhalten, sondern das Verhalten steuert den Testosteronspiegel. Das ist übrigens der am besten dokumentierte Aspekt der unerwarteten Erkenntnisse über das Molekül: Das Hormon reagiert auf soziale Situationen. Ich persönlich finde das ziemlich schwindelerregend, weil es veranschaulicht, wie sehr unsere Interaktionen mit dem Rest der Welt und vor allem mit unseren Mitmenschen unsere inneren Funktionen beeinflussen. Aber das gibt uns auch die Möglichkeit, eine wesentlich weniger fatalistische Haltung einzunehmen. Nicht alles ist in Stein gemeißelt, oder eben in unsere Biologie: Und das heißt, dass sogar ein T-Rex lernen kann, Tee aus einer Porzellantasse zu schlürfen.

EINE STUDIE HAT HERAUSGEFUNDEN, DASS DIE TESTOSTERONSPIEGEL BEI WEIBLICHEN UND MÄNNLICHEN ATHLET:INNEN SICH ZIEMLICH ÜBERSCHNEIDEN, OBWOHL ES IM DURCHSCHNITT GROSSE UNTERSCHIEDE GIBT.

BEI DEN FRAUEN HATTEN 14,7 % HÖHERE TESTOSTERONWERTE ALS DER TYPISCHE WEIBLICHE DURCHSCHNITT UND BEI 4,7 % WAR ER SO HOCH, DASS ER SICH IM MÄNNLICHEN SEGMENT BEFAND.

EBENSO HATTEN 16,5 % DER MÄNNLICHEN PROFISPORTLER EINEN FÜR MÄNNER UNTERDURCHSCHNITTLICHEN TESTOSTERONSPIEGEL UND BEI 1,8 % WAR ER NIEDRIG GENUG, UM INS WEIBLICHE SEGMENT ZU FALLEN.

KATRINA KARZAKIS

ANTHROPOLOGIN UND BIOETHIKERIN

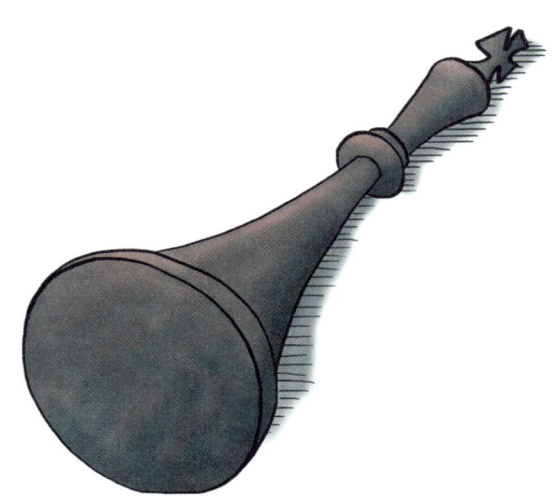

15. Wikipedia und der Friedhof der Nobelpreisanwärterinnen

Ich weiß, ich habe gesagt, dass wir über das »Geschlecht des Gehirns« sprechen werden, aber bevor wir das tun, schlage ich vor, dass wir zum Aufwärmen einen kleinen Umweg über die Nobelpreise nehmen. 2018 war Donna Strickland die dritte Frau, die diese ach so prestigeträchtige Auszeichnung für Physik erhielt.[1] Ihr wisst schon: Donna Strickland, die kanadische Pionierin der Laserforschung? Nein, wisst ihr nicht. Und ich wusste es übrigens auch nicht, bis das Komitee ihren Namen nannte und ich ganz, ganz schnell Wissen nachholen musste,[2] um in den Mittagsnachrichten im Radio darüber zu sprechen.

Tatsächlich hatten nur wenige Leute je von ihr gehört, und das ist auch der Grund dafür, warum Donna Strickland – im Gegensatz zu den beiden Männern, mit denen sie diesen Preis gewann – bis zu jenem Dienstag, dem 2. Oktober 2018, keinen Wikipedia-Eintrag hatte. Na ja gut, der Schweizer Jacques Dubochet hatte vor seinem Nobelpreis für Chemie[3] auch keinen, aber im Fall von Donna Strickland war die Einrichtung ihrer Seite regelrecht verweigert worden. Im Frühjahr 2018 bemühte sich dann irgendein:e Beiträger:in – denn Vorschläge kann ja jede:r machen – , einen Eintrag für die Physikerin anzulegen. Aber, wie Frédéric Schütz, ehrenamtlicher Sprecher des Verbandes Wikimedia Schweiz, erklärt: Zu diesem Zeitpunkt war die Gemeinschaft der Ansicht, dass sie die Bekanntheitskriterien der Online-Enzyklopädie nicht erfüllte.

NETTIE STEVENS
LEHRERIN UND GENETIKERIN
1861–1912

Nach langjähriger Lehrtätigkeit begann Nettie Stevens im Alter von 35 Jahren ein Biologiestudium. 1905 entdeckte sie die Bedeutung der X- und Y-Chromosomen für die Bestimmung des biologischen Geschlechts, insbesondere beim Menschen. Es handelt sich also um einen genetischen und nicht um einen umweltbedingten Faktor, wie es einige Theorien zu dieser Zeit besagten und wie es zum Beispiel bei Schildkröten der Fall ist, bei denen das Geschlecht von der Bruttemperatur der Eier abhängt. Es war allerdings ihr Doktorvater, der für diesen Fortschritt 1933 den Nobelpreis für Medizin erhielt.

1 Es gab eine vierte im Jahr 2020: die Astrophysikerin Andrea Ghez, die für ihre Arbeit über das Schwarze Loch im Zentrum unserer Galaxie geehrt wurde. Und eine fünfte im Jahr 2023: Anne l'Huillier wurde für ihre Forschung mit sehr kurzen Laserimpulsen ausgezeichnet, die es ermöglichen, die ultraschnellen Bewegungen von Elektronen in Atomen und Molekülen zu beobachten. Vor ihnen waren es Maria Goeppert Mayer im Jahr 1963 und Marie Curie im Jahr 1903 (ein Nobelpreis, den sie sich mit ihrem Mann teilte, der erst darauf bestehen musste, dass auch sie die Auszeichnung erhielt). Obwohl die Zahl der Preisträgerinnen in den letzten Jahren gestiegen ist, ist die Physik nach wie vor der Bereich, in dem die wenigsten Frauen mit dem Preis geehrt wurden.
2 In weniger als einer halben Stunde, da die Nobelpreise in der Regel gegen 12 Uhr verliehen werden und die Sendung um 12.30 Uhr beginnt.
3 Im Jahr 2017.

Lise Meitner war Mitentdeckerin der Kernspaltung, der Reaktion, die in Kernkraftwerken Energie erzeugt. Doch nur ihr Kollege, mit dem sie 30 Jahre lang zusammengearbeitet hatte, erhielt für diese Ergebnisse im Jahr 1944 den Nobelpreis für Chemie. Weil sie in den Dreißigerjahren vor den Nazis fliehen musste, führte die jüdische Wissenschaftlerin einige ihrer Forschungen im Geheimen durch. Aus den Archiven des Nobelpreises — für den sie 49-mal nominiert wurde — geht hervor, dass sich ihre Kollegen der Bedeutung ihres Beitrages vollkommen bewusst waren. Dennoch scheinen einige Mitglieder des Komitees ihr ganzes Gewicht in die Waagschale geworfen zu haben, um sie vom Preis auszuschließen.

LISE MEITNER

PHYSIKERIN

1878-1968

»Das ist ein interessantes Beispiel, weil es zeigt, wie Wikipedia funktioniert«, erläutert er. »Wenn also niemand in der Gesellschaft diese Physikerin vor ihrem Nobelpreis ins Rampenlicht gerückt hat, indem zum Beispiel in den Medien über sie berichtet und gezeigt wurde, dass sie herausragende Forschung betrieben hat, dann gibt es für Wikipedia keine Möglichkeit zu wissen, dass sie besonders interessant ist.«

Das veranschaulicht ziemlich eindrücklich das Anerkennungsproblem, das Frauen in der Physik, in der Wissenschaft und eigentlich so ziemlich überall haben. Es ist keine Verzerrung, die nur der Online-Enzyklopädie eigen ist, sondern gilt für die gesamte Öffentlichkeit.

CHIEN-SHIUNG WU

PHYSIKERIN

1912-1997

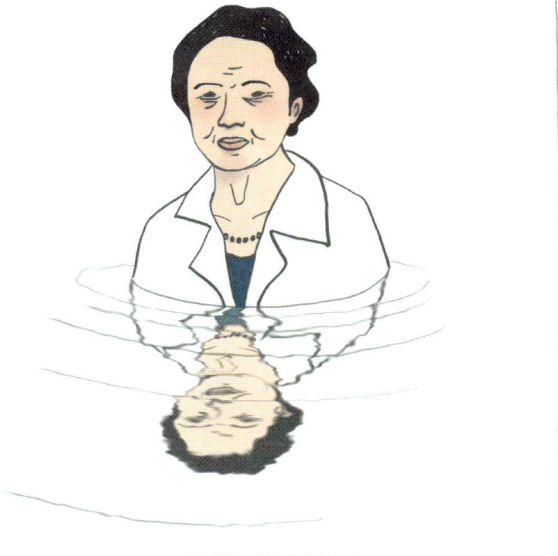

Chien-Shiung Wu zeigte durch Experimente eine seltsame Asymmetrie im Bereich der Elementarteilchen auf. Der theoretische Teil dieser Entdeckung brachte zweien ihrer Kollegen 1957 den Nobelpreis ein. Obwohl diese beiden Forscher den Beitrag von Chien-Shiung Wu öffentlich als grundlegend für den Beweis der Theorie hervorhoben, wurde sie vom Nobelkomitee nicht für den Preis berücksichtigt.

Aber der Vorteil von Wikipedia ist, dass man mithilfe eines Tabs die Versionsgeschichte der Seiten ganz leicht zurückverfolgen und so den Entstehungsprozess analysieren kann. »Es ist das einzige Medium, bei dem jede:r hinter die Kulissen schauen kann – wie die Themen ausgewählt werden und wie entschieden wird, worüber gesprochen werden soll«, betont Frédéric Schütz. »Alle seit Anbeginn der Enzyklopädie gesammelten Informationen sind aufgezeichnet und öffentlich zugänglich. Das ist sehr interessant, denn es ermöglicht uns, Entscheidungen kritisch zu hinterfragen: wie sie getroffen wurden und warum sie sich von Jahr zu Jahr ändern.« In den Tagen nach der Preisverleihung blühte Donna Stricklands Seite regelrecht auf, mit Dutzenden Beiträgen pro Tag. Aber nach einem Nobelpreis gibt es in der Regel auch keinen Grund mehr für Diskussionen: Der oder die Ausgezeichnete ist dann anerkannt genug, um anerkannt zu werden.

ROSALIND FRANKLIN

PHYSIKOCHEMIKERIN, PIONIERIN
DER MOLEKULARBIOLOGIE

1920–1958

Anfang der 1950er Jahre erstellten Rosalind Franklin und einer ihrer Schüler ein Röntgenbild eines DNA-Moleküls, das es ermöglichte, die Doppelhelixstruktur unseres genetischen Codes sichtbar zu machen. Einer ihrer Kollegen zeigte die Aufnahme zwei Konkurrenten. 1958 starb Rosalind Franklin mit 38 Jahren an Eierstockkrebs, wahrscheinlich aufgrund der häufigen Röntgenstrahlenbelastung. Vier Jahre später erhielten die beiden konkurrierenden Forscher und Rosalind Franklins Kollege den Nobelpreis für Medizin für die Entdeckung der Spiralstruktur der DNA. Und es dauerte noch einige Jahre, bis alle von ihnen zugegeben hatten, dass sie dies ohne die besagte Aufnahme nicht geschafft hätten.

VERA RUBIN

ASTROPHYSIKERIN

1928-2016

Obwohl sie in Teilzeit arbeitete, um sich um ihre vier Kinder zu kümmern, brachte Vera Rubin unser Verständnis vom Universum voran, und das zu einer Zeit, als bestimmte Bereiche der Physik und der Zugang zu Observatorien für Frauen noch verboten waren. Ihre Beobachtungen bewiesen die Existenz der Dunklen Materie, die zwar unsichtbar ist, von der aber angenommen wird, dass sie mindestens 80 % der Materie ausmacht, da sonst bestimmte Galaxien nicht zusammenhalten würden. Vera Rubin starb 2016, ohne je den Nobelpreis erhalten zu haben, von dem viele meinen, sie hätte ihn verdient. Drei Jahre später verlieh das Komitee den Preis an einen anderen Kosmologen für seine Arbeiten über die Dunkle Materie.

Wer hat, dem wird gegeben. Und beim Nobelpreis stellt sich die Frage, inwieweit sich diese Tendenz in der Anzahl von Frauen niederschlägt, die in der Physik geehrt wurden: fünf insgesamt, bei mehr als 200 Preisträgern.[4] Na ja, man kann sich natürlich der Meinung dieses einen Professors anschließen, der einige Tage nach Donna Stricklands Nobelpreisverleihung ins CERN[5] eingeladen wurde und erklärte, dass die Physik von Männern aufgebaut worden sei und dass Frauen im Wesentlichen nicht die intellektuellen Fähigkeiten besäßen, um etwas dazu beizutragen. Bei näherer Betrachtung der Liste von Forscherinnen, die Entdeckungen gemacht haben, für die ihre Kollegen oder Vorgesetzten ausgezeichnet wurden, zeigt sich jedoch eine ärgerliche Tendenz, Cäsar zu geben, was Kleopatra gebührt.

4 Zum Zeitpunkt des Schreibens dieser Zeilen, nach der Veröffentlichung der Bestenliste 2023.
5 Diese Abkürzung leitet sich vom französischen Namen des Rates ab, der mit der Gründung der Organisation beauftragt war, dem Conseil européen pour la recherche nucléaire. Auf Deutsch lautet der offizielle Name heute Europäische Organisation für Kernforschung.

Für Frédéric Schütz besteht hier ganz klar ein Problem der Sichtbarkeit – oder eher der Unsichtbarkeit:[6] »Dafür gibt es mehrere Beispiele. Besonders das von Rosalind Franklin, die an der Entdeckung der DNA-Struktur beteiligt war. Ihr Beitrag wurde nicht gewürdigt und viele Jahre lang ist sie einfach in Vergessenheit geraten. Dass sie jetzt eine Wikipedia-Seite hat, liegt unter anderem daran, dass über sie oft als die vergessene Person in der Entdeckung der DNA-Struktur gesprochen wurde.«

Dieser Club von Frauen, die dafür bekannt sind, dass sie den Nobelpreis nicht bekommen haben, ist zwar ganz nett, aber auch ganz schön deprimierend. Positiv ist jedoch, dass die Situation sich langsam ändert, denn 2018 hat das Komitee mit Donna Strickland eine Physikerin ausgezeichnet, die nicht einmal diesen Bekanntheitsgrad erreicht hatte.

im Jahr 1967, als sie noch Studentin war, fiel Jocelyn Bell ein seltsames, immer wieder unterbrochenes Signal in den Forschungsdaten auf, auf das sie sich keinen Reim machen konnte und das in den Daten des Radioteleskops, an dem sie arbeitete, unter dem Namen »kleine grüne Männchen Nr. 1« erfasst wurde. Tatsächlich entdeckte sie damit zum allerersten Mal einen Pulsar – den Überrest eines Sterns, der aussieht, als würde er blinken, weil er sich um sich selbst dreht, ein bisschen wie ein Leuchtfeuer. Sieben Jahre später erhielt ihr Doktorvater für diese Entdeckung den Nobelpreis für Physik.

JOCELYN BELL

ASTROPHYSIKERIN

1943

6 Es trägt sogar einen Namen: »Matilda-Effekt«, in Anspielung auf die militante Feministin Matilda Joslyn Gage, die sich schon im 19. Jahrhundert gegen die Unsichtbarmachung der Arbeit von Frauen in wissenschaftlichen Bereichen aussprach.

16. Einparkhilfe für Menschen mit rosa Gehirn

Dass so viel mehr Männer als Frauen den Nobelpreis erhalten, liegt möglicherweise daran, dass Erstere ein Gehirnareal besitzen, das speziell dafür gemacht ist – gleich neben dem, das fürs Einparken zuständig ist. Pech für die Frauen: Sie müssen lernen, ohne diese wertvollen Funktionen und die damit verbundenen Belohnungen auszukommen. Trösten können sie sich damit, dass ihnen Einfühlsamkeit und die Fähigkeit zum Multitasking in die Wiege gelegt wurden, während sie sich bis ans Ende aller Tage damit abmühen, sich um andere und um viel zu viele Dinge gleichzeitig zu kümmern.

Die Suche nach geschlechtsspezifischen Unterschieden zwischen den Gehirnen hat eine lange Geschichte. Im 19. Jahrhundert maßen Forschende Schädel aus, um der Intelligenz ihrer Besitzer:innen einen Platz in der Rangordnung zuzuweisen. Die Kraniolog:innen leiteten aus diesem Versuch eine Skala ab, die alle Menschen, die sich nicht anschickten, europäischer Herkunft oder männlich zu sein, unweit von der Kategorie der Großaffen platzierte – und das nicht aus Bewunderung für den polyamoren Pazifismus der Bonobos (siehe Kapitel 2).

Die Männer, die diese Theorien aufstellten, waren nicht etwa Spinner am Rande der Gesellschaft: Sie waren Senatoren oder Präsidenten bedeutender wissenschaftlicher Organisationen; sie waren Namensgeber für Straßen – und für unsere Hirnareale.

> BEI DEN INTELLIGENTESTEN MENSCHENGRUPPEN, WIE ETWA DEN PARISERN, GIBT ES EINE GROSSE ANZAHL VON FRAUEN, DEREN GEHIRNE VON DER GRÖSSE HER EHER DENEN DER GORILLAS ALS DENEN DER HÖCHSTENTWICKELTEN MÄNNER ENTSPRECHEN.

> DIE WEIBLICHE UNTERLEGENHEIT IST SO OFFENSICHTLICH, DASS NIEMAND SIE AUCH NUR EINEN AUGENBLICK LANG BESTREITEN KANN; NUR IHR AUSMASS LOHNT DIE ERÖRTERUNG.

GUSTAVE LE BON

ARZT UND ANTHROPOLOGE AUS DEM 19. JH.

DA DIE FRAU KLEINER IST ALS DER MANN UND DIE MASSE DES GEHIRNS SICH NACH DER KÖRPERGRÖSSE RICHTET, STELLT SICH DIE FRAGE, OB DIE GERINGE GRÖSSE DES WEIBLICHEN GEHIRNS NICHT AUSSCHLIESSLICH AUF DEN KLEINEREN WEIBLICHEN KÖRPER ZURÜCKZUFÜHREN IST.

WIR DÜRFEN JEDOCH NICHT AUS DEN AUGEN VERLIEREN, DASS DIE FRAU IM DURCHSCHNITT ETWAS WENIGER INTELLIGENT IST ALS DER MANN. WIR KÖNNEN ALSO ANNEHMEN, DASS DIE RELATIV GERINGE GRÖSSE DES WEIBLICHEN GEHIRNS SOWOHL VON IHRER KÖRPERLICHEN ALS AUCH VON IHRER INTELLEKTUELLEN UNTERLEGENHEIT ABHÄNGT.

PAUL BROCA

ANATOM AUS DEM 19. JH., ENTDECKER DES SPRACHZENTRUMS

FÄHIG ODER UNFÄHIG SEIN, EINEN OBJEKTIVEN BLICK AUF DIE EIGENEN KOGNITIVEN FÄHIGKEITEN ZU HABEN, DAS IST HIER DIE FRAGE.

LOGIK: EINE GEBRAUCHSANWEISUNG

Solange die Neuroanatom:innen die höheren kognitiven Funktionen im vorderen Teil des Gehirns vermuteten, bestätigten die Hirnforscher:innen, dass diese Region bei Männern stärker ausgeprägt ist als bei Frauen, die ihrerseits größere Hirnlappen im hinteren, seitlichen Bereich haben.

Doch als die Wissenschaft von einem Moment auf den anderen ihre Meinung änderte und nun davon ausging, dass diese Funktionen vielleicht doch eher in den seitlichen Bereichen zu finden seien, wurden neue Messungen vorgenommen und plötzlich waren diese Areale bei den Männern doch stärker ausgeprägt.

Gegen Ende des 19. Jahrhunderts wies der Anatom und Anthropologe Léonce Manouvrier jedoch darauf hin, dass es, wenn man den Körperbau eines Individuums mit einbezieht, proportional keinen Größenunterschied zwischen dem männlichen und dem weiblichen Gehirn gibt.[1] Und übrigens auch nicht zwischen verschiedenen Bevölkerungsgruppen. Das führte dazu, dass er von vielen Mitgliedern der medizinischen Akademie schief angeguckt wurde und sie seinen Ausschluss von der Fakultät verlangten. Aber schlussendlich waren die Hirnforscher gezwungen, das Argument der Proportionalität anzuerkennen, um nicht annehmen zu müssen, dass Wale und Elefanten wesentlich intelligenter sind als sie selbst – was jedoch alles in allem nicht auszuschließen ist.

> DIE AUTOREN, DIE DIE GERINGERE MASSE DES WEIBLICHEN GEHIRNS MIT INTELLEKTUELLER UNTERLEGENHEIT IN VERBINDUNG BRACHTEN, BEDACHTEN ZWEIFELLOS NICHT DIE UNGEHEURE ZAHL VON DUMMKÖPFEN MÄNNLICHEN GESCHLECHTS. OB WILD ODER ZIVILISIERT, WÜRDEN SIE BEI REINER BETRACHTUNG IHRER GEHIRNMASSE ÜBER UNSEREN ZAHLREICHEN INTELLIGENTEN FRAUEN STEHEN, DEREN NATÜRLICHER VERSTAND UND DEREN PSYCHISCHE FÄHIGKEITEN ... SICH JEDERZEIT DENJENIGEN MÄNNERN OFFENBAREN, DIE NICHT VÖLLIG GEBLENDET SIND VOM MÄNNLICHEN STOLZ, DIESEM HAHNENSTOLZ, UNSEREM EINGEFLEISCHTEN PEDANTENTUM.

LÉONCE MANOUVRIER
ANATOM UND ANTHROPOLOGE AUS DEM 19. JH.

DAS CHIHUAHUA-PARADOXON

Einige Neurowissenschaftler:innen meinen, dass die Proportionalität nicht für alles die Lösung ist, denn wenn wir annehmen, dass das Verhältnis zwischen der Hirnmasse und dem Körpergewicht ein Maßstab für die Intelligenz ist, dann müsste der Chihuahua der schlauste aller Hunde sein.

> KOMMT NACH DEM ANDROZENTRISMUS JETZT DER ANTHROPOZENTRISMUS?

> UND WAS MACHT IHR MIT MEINEN NEUN GEHIRNEN? ADDIERT IHR SIE? ODER MULTIPLIZIERT IHR SIE?

Kraken haben ein kleines Gehirn in jedem ihrer Tentakel, zusätzlich zu ihrem Haupthirn.

1 *Weibliche Unsichtbarkeit: Wie alles begann*, Marylène Patou-Mathis, übers. v. Stephanie Singh, Hanser Verlag, 2021.

Im 20. Jahrhundert widmeten sich die Forschenden einer neuen Theorie. Sie hatten die Vorstellung, dass dieselbe Hormonsuppe, die die Unterschiede bei den Geschlechtsmerkmalen, und vor allem bei den Genitalien, hervorruft (siehe Kapitel 4), auch das Gehirn entscheidend beeinflusst und es auf Gleise setzt, deren Weichen bis zur Endhaltestelle bereits gestellt sind: Dadurch wird ihrer Ansicht nach bestimmt, ob es sich um ein männliches oder um ein weibliches Gehirn handelt. Eine besondere Rolle spielt dabei das Testosteron, das dem männlichen Geschlecht angeblich ein natürliches Talent zum analytischen Denken und zum Brückenbauen verleihen soll (siehe Kapitel 14).

Inzwischen hat sich zwar vieles weiterentwickelt, aber das Spiel mit den Unterschieden ist geblieben. Wie die Neurobiologin Gina Rippon Ende des 20. Jahrhunderts in *Gendered Brain: The New Neuroscience that Shatters the Myth of the Female Brain*[2] erklärt, ermöglichte es das Aufkommen der bildgebenden Verfahren für das Gehirn – insbesondere der funktionellen Magnetresonanztomografie, abgekürzt fMRT, dieses Organ in voller Aktion zu beobachten und schöne bunte Bilder zu erzeugen, die in der Öffentlichkeit großen Anklang fanden. Das Problem an der Sache ist, dass aller ei Entscheidungen zu Fragen des Maßstabs, der Schwellenwerte, des Zooms und so weiter (wenn möglich unparteiisch) getroffen werden müssen, um diese schönen Bilder zu erhalten. 2009 wies ein Forschungsteam darauf hin, dass, wenn nicht sorgfältig darauf geachtet wird, wie die MRT-Analysen verglichen werden, dies zu absolut erstaunlichen Schlussfolgerungen führen kann. So zeigte beispielsweise ein toter Lachs, der zur Kalibrierung des Geräts verwendet wurde, in bestimmten Hirnarealen deutlich mehr Aktivität, wenn ihm Bilder von fröhlichen oder traurigen Gesichtern gezeigt wurden, als wenn er sich »im Ruhezustand« befand.[3]

2 Ed. Vintage, 2019.
3 *Neural correlates of interspecies perspective taking in the post-mortem Atlantic salmon: an argument for proper multiple compa'isons correction*, Craig M. Bennett et al., Neuroimage, Juli 2009.

In solcherlei Situationen besteht ein erhöhtes Risiko des Kirschenpflückens (siehe S. 91), oder anders gesagt, des Herauspickens von Ergebnissen, die den Erwartungen der Forschenden entsprechen. Gina Rippon betont jedoch, dass die Suche nach Unterschieden zwischen männlichen und weiblichen Gehirnen auch nach dem Aufkommen bildgebender Verfahren immer noch der Jagd nach dem Heiligen Gral gleicht. »Wenn ein Unterschied gefunden würde, würde das Ergebnis viel eher veröffentlicht werden, als wenn es keinen gäbe. Und es würde von begeisterten Medien sofort als ›Moment der lang ersehnten Wahrheit‹ gefeiert werden: Endlich wäre der Beweis erbracht, dass Frauen darauf programmiert sind, superschlecht im Landkartenlesen zu sein, und Männer darauf, niemals mehrere Dinge auf einmal tun zu können!«

Die Wissenschaftssoziologin und Gender-Studies-Spezialistin Rebecca Jordan-Young[4] nennt das den »Mulder-Effekt«, benannt nach dem FBI-Agenten Fox Mulder aus der Fernsehserie Akte X, der so sehr an Außerirdische glauben will, dass er sie überall sieht.

NEUROBLABLA

Gina Rippon schlägt vor, dass solche Bücher mit einer Gesundheitswarnung versehen werden sollten, wie etwa »Das Lesen dieses Unsinns kann ihr Gehirn schädigen«.

4 Die wir schon in Kapitel 14 kennengelernt haben und die zudem Autorin ist von Brainstorm, the flaws in the science of sex differences, Ed. Harvard University Press, 2011.

Einige Jahrzehnte an MRT-Forschung und ziemlich viele widersprüchliche Ergebnisse später können wir wenigstens eines feststellen: Falls es strukturelle Unterschiede zwischen den Gehirnen geben sollte, dann springen sie jedenfalls nicht ins Auge. »Und es lohnt sich, daran zu erinnern, dass die Identifizierung solcher Unterschiede eines der ältesten Vorhaben der Neurowissenschaften ist«, sagt die Forscherin. »Nach mehr als zwei Jahrhunderten der Mühe könnten wir uns sagen, dass, wenn es offensichtliche Unterschiede gäbe, diese bereits entdeckt worden wären.« Bei einigen Arten von Kanarienvögeln und von Sperlingen, bei denen für gewöhnlich nur die Männchen singen, sind die Regionen, die für die Stimmkontrolle zuständig sind, sechsmal so groß wie bei den Weibchen.

Beim Menschen ist die einzige Unterstruktur, deren »Dimorphismus« bisher einer Maßstabskorrektur standhält, eine kleine Zellgruppe im Zentrum des Gehirns, die als »dritter interstitieller Kern des vorderen Hypothalamus«[5] bezeichnet wird. Es ist nicht ganz klar, wozu er dient, und da er nur etwa einen Zehntel Millimeter groß ist, ist er auf dem MRT nicht zu sehen, aber vier postmortal durchgeführte Studien deuten darauf hin, dass er bei Männern etwa doppelt so groß ist wie bei Frauen. Rebecca Jordan-Young bemerkt dazu: »Wenn wir die grundlegenden Unterschiede zwischen den männlichen und weiblichen Fortpflanzungsorganen betrachten, und die Tatsache, dass sich all das auf irgendeine Weise im Gehirn widerspiegeln muss, dann ist es echt überraschend, dass das bis heute der einzige identifizierte Unterschied ist.«

5 *Dump the »dimorphism«: Comprehensive synthesis of human brain studies reveals few male-female differences beyond size,* Lise Eliot et al., Neuroscience and biobehavioural reviews, Juni 2021.

Wenn aber die morphologischen Vergleiche nicht viel hergeben, wie sieht es dann mit den unterschiedlichen Fähigkeiten aus? Haben Männer wirklich ein »Ingenieursgehirn« und Frauen eines, das durch Nächstenliebe und Hilfsbereitschaft gesteuert wird? In bestimmten Tests, in denen das räumliche Sehen geprüft wird,[6] scheinen Leistungsunterschiede zwischen Mädchen und Jungen im Alter von vier und fünf Jahren messbar zu sein. Diese sind jedoch sehr gering und in diesem Alter haben die Kinder auch bereits Zeit gehabt, die Einflüsse der sie umgebenden Welt in sich aufzunehmen.

> WENN EIN MANN ZU SEIN ZUM BEISPIEL BEDEUTET, VIEL ERFAHRUNG BEIM BAUEN VON OBJEKTEN ODER IM UMGANG MIT KOMPLEXEN 3-D-DARSTELLUNGEN (WIE ETWA BEIM SPIELEN MIT LEGO) ZU HABEN, DANN IST ES SEHR WAHRSCHEINLICH, DASS SICH DIES AUCH IM GEHIRN WIDERSPIEGELT.

> GEHIRNE REFLEKTIEREN DAS LEBEN, DAS SIE GELEBT HABEN, UND NICHT NUR DAS GESCHLECHT IHRES BESITZERS ODER IHRER BESITZERIN.

GINA RIPPON
NEUROBIOLOGIN

DIE MOTORISCHE ENTWICKLUNG

Es scheint, dass kleine Jungs sich mehr bewegen und im Durchschnitt früher anfangen zu laufen. Es scheint aber auch, dass sie mehr motorische Stimulation von Erwachsenen erhalten als kleine Mädchen. Und Untersuchungen zeigen, dass das sogar dann der Fall ist, wenn der kleine Junge eigentlich ein Mädchen ist, das lediglich wie ein Junge verkleidet ist.

6 Allerdings nicht alle, das hängt von der Art des Tests ab.

»Eine der wichtigsten Neuerungen in der Hirnforschung der letzten dreißig Jahre ist, dass wir verstanden haben, wie formbar und anpassungsfähig unser Gehirn ist«, betont Gina Rippon. »Und nicht nur in den ersten Lebensjahren, sondern unser ganzes Leben lang. Sie spiegeln unsere Erfahrungen wider; die Dinge, die wir tun, und paradoxerweise auch die Dinge, die wir nicht tun.« Das berühmteste Beispiel dafür ist das der Londoner Taxifahrer, bei denen sich die Gehirnregion, die für die räumliche Navigation verantwortlich ist, mit zunehmender Berufserfahrung vergrößert. Sie ist höher entwickelt als bei Busfahrern, die immer die gleiche Strecke fahren, als bei Taxifahrern in der Ausbildung und sogar als bei Taxifahrern im Ruhestand.

Zwei US-amerikanische Forscherinnen wollten diesen Parameter in die Auswertung der Geschlechterunterschiede bei der Fähigkeit zum 3-D-Sehen, zur mentalen Drehung von Gegenständen und zur Orientierung auf einer Karte (oder allgemein) einbeziehen.[7] Indem sie die Art und Weise, wie sie die Daten befragten, ein wenig veränderten, stellten sie fest, dass die Häufigkeit des Spielens am Computer sich besser dazu eignete, Fähigkeiten in diesen Bereichen vorherzusagen, als das biologische Geschlecht.

Und da es tatsächlich mehr erfahrene Gamer unter den Männern gab, die an der Studie teilnahmen, hatten die männlichen Teilnehmer durchschnittlich ein besseres räumliches Vorstellungsvermögen. Aber bei den Frauen, die das gleiche Gaming-Niveau hatten, war das räumliche Vorstellungsvermögen genauso gut wie bei ihren männlichen Alter Egos.

7 How Important Is the Digital Divide? The Relation of Computer and Videogame Usage to Gender Differences in Mental Rotation Ability, Melissa S. Terlecki, Nora Newcombe, Sex Roles, Januar 2005.

Gina Rippon erklärt, dass Babys »kleine soziale Schwämme sind, die schnell die kulturellen Informationen aufsaugen, die ihnen ihre Umwelt vermittelt«. Weil sie so abhängig sind, ist die Verbindung zu anderen für sie eine Frage des Überlebens. Und selbst wenn sie schließlich – mehr oder weniger – dazu in der Lage sind, sich ihre täglichen Kalorien selbst zu verschaffen, bleibt dieser Kontakt für die meisten von ihnen lebensnotwendig. Unser Gehirn ist ständig darum bemüht, Vorhersagen darüber zu treffen, was passieren wird, um uns so gut wie möglich durch die Komplexität menschlicher Beziehungen hindurchzusteuern, ohne allzu oft gegen die Wand zu laufen, denn soziale Ablehnung kann ganz schön wehtun. Aber um das zu erreichen, müssen wir so etwas wie Regeln für den üblichen Verlauf der Ereignisse und die Eigenschaften, die uns am ehesten helfen, uns in eine Gruppe einzufügen, herausarbeiten.

DAS »GESCHLECHT« DER SPIELZEUGE

In einer Studie, die 2007 von einer Forscherin an der Universität von South Carolina durchgeführt wurde, glaubten nur 9 % der fünfjährigen Jungen, dass ihr Vater es gutheißen würde, wenn sie mit einer Puppe oder einer Puppenküche spielten, während 64 % der Eltern angaben, dass sie ihrem Sohn eine Puppe kaufen würden. »Missverständnisse, ambivalente Botschaften oder versteckte Wahrheiten?«, fragt sich die Autorin.

»Das schließt unweigerlich stereotypische Informationen darüber ein, wie ›Leute wie wir‹ auszusehen haben und wie sie sich verhalten sollten, was wir tun und was wir nicht tun können«, meint Gina Rippon. Für die Neurobiologin sind Spielzeuge und Kleidung, aber auch die Erwartungen der Eltern, der Familie, der Lehrkräfte sowie natürlich soziale und kulturelle Normen gleichermaßen Wegweiser, die für Mädchen und Jungen in unterschiedliche Richtungen zeigen.

WIE SIMONE ZU SAGEN PFLEGTE ...

MAN KOMMT NICHT ALS FRAU ZUR WELT: MAN WIRD ES.

SIMONE DE BEAUVOIR
PHILOSOPHIN UND SCHRIFTSTELLERIN

NEBEN EINER ERSTAUNLICHEN FÄHIGKEIT, UNTERSCHIEDLICHE GESCHLECHTERKATEGORIEN ZU ERKENNEN, SCHEINEN KINDER SEHR BEREITWILLIG ZU SEIN, SICH AN DEN VORLIEBEN UND AKTIVITÄTEN IHRES GESCHLECHTS AUSZURICHTEN. WENN SIE ERST EINMAL VERSTANDEN HABEN, ZU WELCHER GRUPPE SIE GEHÖREN, KÖNNEN SIE ZIEMLICH UNNACHGIEBIG SEIN, WENN ES DARUM GEHT, MIT WEM UND MIT WELCHEM SPIELZEUG SIE SPIELEN.

KINDER KÖNNEN AUCH ZIEMLICH UNBARMHERZIG SEIN, WENN SIE ANDERE AUSSCHLIESSEN, DIE KEIN TEIL IHRER GRUPPE SIND; ÄHNLICH WIE FRISCH ZUGELASSENE MITGLIEDER EINES SEHR EXKLUSIVEN CLUBS, WENDEN SIE REGELN BUCHSTABENGETREU AN UND ACHTEN DARAUF, DASS DIE ANDEREN ES IHNEN GLEICHTUN.

GINA RIPPON
NEUROBIOLOGIN

SCHULE DES LEBENS

MÄDCHEN

JUNGE

Und als ich das letzte Mal nachgesehen habe, waren die Wegweiser für Mädchen immer noch nicht auf die nächstgelegene Abteilung für Physik der kondensierten Materie ausgerichtet. Es gibt also noch ein paar andere Erklärungsansätze für die Unterrepräsentation der weiblichen Spezies bei den Nobelpreisen für Naturwissenschaften und ganz allgemein in den naturwissenschaftlichen Disziplinen als nur angeborene intellektuelle Unfähigkeit. Abgesehen von der Zurückhaltung des Nobelkomitees, wenn es sich um die Auszeichnung von Frauen handelt (siehe Kapitel 15), und der Tatsache, dass Letztere lange Zeit keinen Zugang zu einschlägigen Studienfächern hatten, ist das Überwinden von stereotypen Hindernissen auch heute noch ein echter Kraftakt. »Wenn ihr mit einem wenig einladenden Klima konfrontiert seid, inmitten von Leuten, die meinen, dass ihr nicht am richtigen Platz seid, und den Eindruck habt, dass ihr nicht viele ›Leute wie euch‹ um euch habt, dann ist es nur verständlich, wenn ihr Abstand haltet«, kommentiert Gina Rippon.

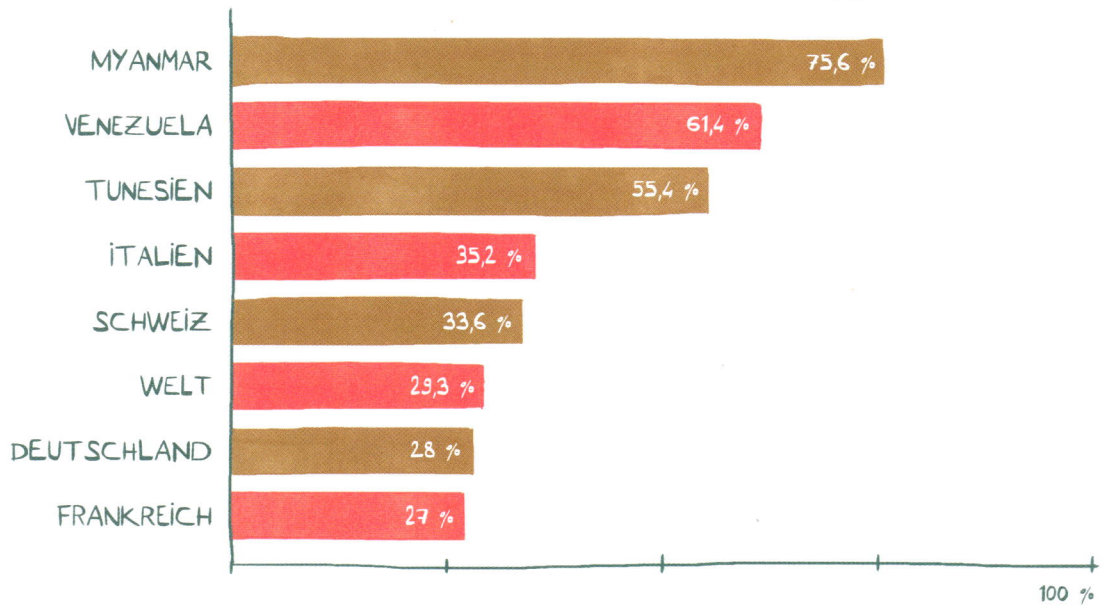

PROZENTUELLER ANTEIL AN FORSCHERINNEN

in naturwissenschaftlichen Bereichen
(Zahlen von 2016 oder vom letzten verfügbaren Jahr)

MYANMAR	75,6 %
VENEZUELA	61,4 %
TUNESIEN	55,4 %
ITALIEN	35,2 %
SCHWEIZ	33,6 %
WELT	29,3 %
DEUTSCHLAND	28 %
FRANKREICH	27 %

100 %

QUELLE: UNESCO-INSTITUT FÜR STATISTIK, JUNI 2019

Pseudo-Prophezeiungen scheinen über die Fähigkeiten der einen oder des anderen eine selbsterfüllende Seite zu haben. Angesichts einer Aufgabe, bei der sie wissen, dass ihnen hinter der nächsten Ecke jemand auflauert, verwenden Personen, die mit Stereotypen zu kämpfen haben, oft zu viele kognitive Ressourcen darauf, sich selbst zu kontrollieren und keine Fehler zu machen, anstatt sich auf die Aufgabe selbst zu konzentrieren.

WENN EINER FRAU OFT GENUG GESAGT WIRD, DASS SIE WENIGER LEISTEN KANN, DANN WIRD SIE AUCH WENIGER LEISTEN.

ES REICHT SOGAR SCHON, IHR ZU SAGEN, DASS SIE EINE FRAU IST, UND IHR »SELBST« WIRD DEN REST ERLEDIGEN.

GINA RIPPON

NEUROBIOLOGIN

Die Auswirkung von Stereotypen auf unsere weichen und formbaren Gehirne, laut Gina Rippon.

Im Übrigen stellt sich die Frage, warum immer noch so viel Energie darauf verwendet wird, nach geschlechtsspezifischen Unterschieden zwischen den Gehirnen zu suchen, wenn der Grund dafür nicht gerade der ist, Stereotype zu verfestigen, die dazu dienen, den Status quo in der Rollenverteilung zu rechtfertigen. Wie bei vielen Dingen sind das Angeborene und das Erlernte schwierig zu entwirren – auch wenn in diesem Fall die Ausbeute von Team »angeboren« besonders mager scheint, und das nach so hartnäckiger Suche! Es wäre vielleicht mal an der Zeit, sich von der Ufologie zu verabschieden, etwas Abwechslung in die Fragestellungen zu bringen und aufzuhören, reflexartig immer automatisch das Geschlecht[8] als Einordnungsmerkmal zu verwenden. Man könnte z. B. versuchen zu messen, ob es einen Unterscheid im Empfinden von Empathie zwischen Menschen, die größer als 1,75 Meter, und solchen, die kleiner als 1,75 Meter sind, gibt.

Wenn es um das Einparken mit einem rosa Gehirn geht, besteht die wahrscheinlich effektivste Methode darin, in Erwägung zu ziehen, dass es gar kein rosa Gehirn gibt. Natürlich ist das leichter gesagt als getan, wenn die Straßenschilder, die euren Lebensweg säumen, euch bisher wenig Übung im Anfahren am Berg und dafür den festen Glauben an eure dahingehende Unfähigkeit verschafft haben. Aber da Autos sowieso bald ganz von selbst einparken können, könnt ihr euch damit trösten, dass diese Fähigkeit nicht unbedingt grundlegend für die Zukunft der Menschheit ist.

8 Zumal, wie Gina Rippon anmerkt, beim Vergleich zweier Gruppen davon ausgegangen werden muss, dass es überhaupt zwei unterschiedliche Gruppen gibt. Wie jedoch in Kapitel 4 erörtert, sind das biologische Geschlecht und die geschlechtliche Identität weniger binäre Konzepte als die Schubladen, in die sie oft gezwängt werden.

17. Animal pride

Mehrere europäische Länder haben in den letzten Jahren ihre Gesetzesbücher erweitert, um gegen homophobe Diskurse vorzugehen. Ich finde es interessant, dass solche diskursiven Äußerungen sich oft auf dieselben biologischen Argumente stützen wie die, die auch gegen Gleichstellungsforderungen ins Feld geführt werden: die alte Leier darüber, was natürlich ist und was nicht. Aber erklärt mal den Bonoboweibchen, dass das Aneinanderreiben der Genitalien, das sie mit Wohlgefühl und Oxytocin erfüllt, wider die Natur sei. Außerdem scheint das ja gerade eines der Elemente zu sein, die der männlichen Vorherrschaft in dieser Tierart im Wege stehen (siehe Kapitel 2). Wie dem auch sei: Die friedliebenden Menschenaffen haben nicht den Anschein, als würden sie sich allzu sehr um unsere Meinung zu dieser Frage scheren. Und damit sind sie nicht allein.

Sexuelles Verhalten zwischen Individuen des gleichen Geschlechts wurde bei mehr als 1.500 Tierarten beobachtet, verteilt über verschiedene Zweige des Stammbaums des Lebens, die mitunter sehr weit voneinander entfernt sind: vom Albatros bis zur Kuh über die Giraffe, den Bandwurm, die Libelle und sogar manche Stachelhäuter (Meereslebewesen wie Seeigel oder Seesterne).

Albatrosse gehen Partnerschaften ein, die über Jahrzehnte bestehen bleiben können. Eine Biologin hat festgestellt, dass etwa ein Drittel der Paare in der Kolonie von Oahu auf Hawaii aus zwei Weibchen besteht, die ihre Jungen gemeinsam aufziehen.

DER STAMMBAUM DES LEBENS
Schematische Darstellung, damit ihr es euch besser vorstellen könnt

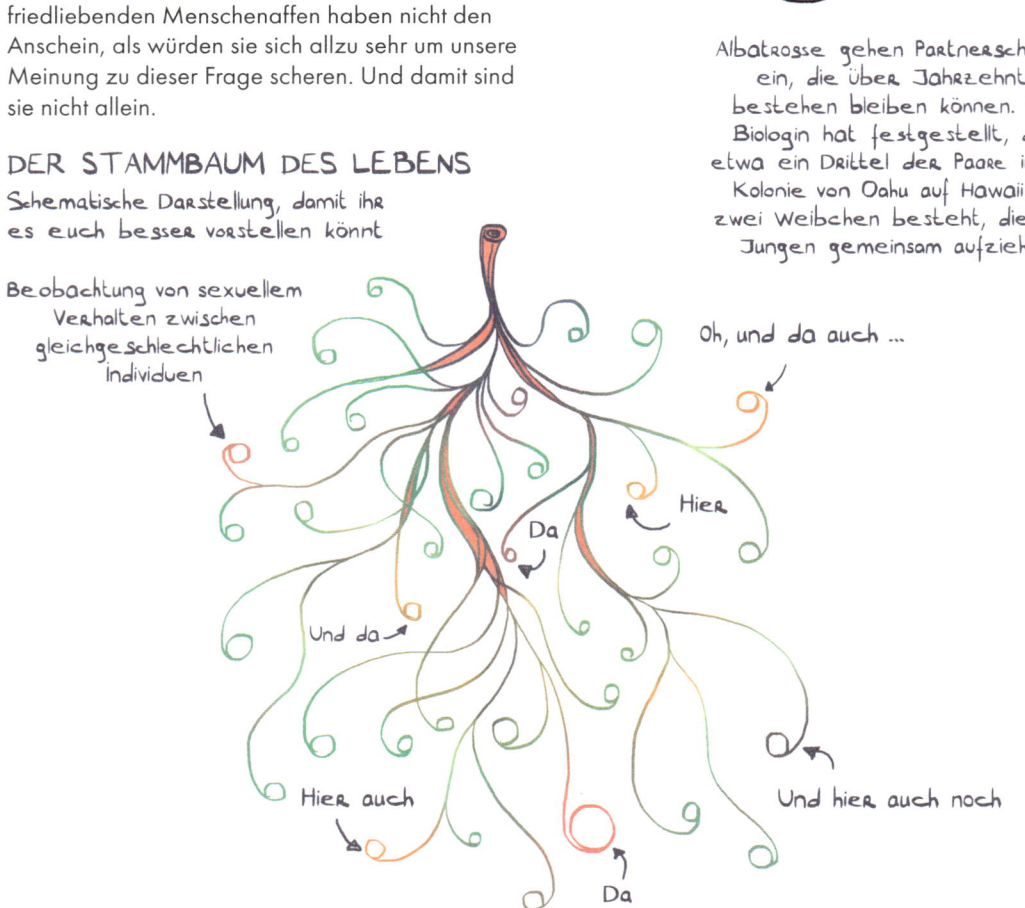

Beobachtung von sexuellem Verhalten zwischen gleichgeschlechtlichen Individuen

Oh, und da auch ...

Da

Hier

Und da

Hier auch

Da

Und hier auch noch

Dabei sind die Stachelhäuter ein ziemlich alter Zweig des Tierreichs, wie ein Biolog:innenteam der Universität von Yale erklärt[1] – älter als wir anderen Wirbeltiere zum Beispiel. Das bringt sie zu dem Schluss, dass, wenn es sexuelles Verhalten zwischen gleichgeschlechtlichen Individuen in allen Zweigen gibt, es durchaus plausibel ist, dass dieses auch bei unserem gemeinsamen Vorfahren existierte – oder bei dessen Vorfahren, oder sogar seit der Entstehung der Sexualität als Mittel der Fortpflanzung.

Die Annahme, die die Forscher:innen vorlegen, besteht darin, dass diese Organismen vielleicht gar keinen Unterschied beim Geschlecht ihrer Partner:innen machten. In anthropomorphen Begriffen würden wir heute sagen, dass unsere entfernten Verwandten aus dem Präkambrium pansexuell waren: Sie hatten Sex, mit wem sie wollten, ohne sich allzu viele Gedanken über das sexuelle Etikett – männlich, weiblich, hermaphrodit oder was auch immer – ihrer Partner:innen zu machen. Funky Präkambrium.

Stachelhäuter

Bei einigen Grillenarten machen sich die Männchen gegenseitig den Hof, vor allem, indem sie Gesänge zum Besten geben, Tänze aufführen und typische Balzposen sehen lassen; und sie besteigen einander auch.

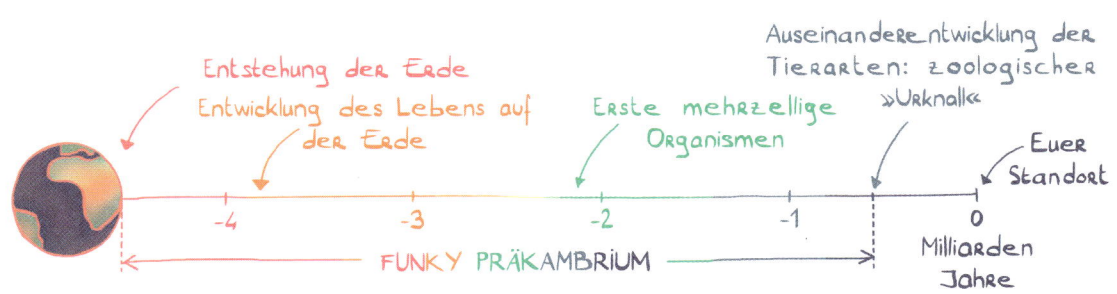

Entstehung der Erde
Entwicklung des Lebens auf der Erde
Erste mehrzellige Organismen
Auseinanderentwicklung der Tierarten: zoologischer »Urknall«
Euer Standort

-4   -3   -2   -1   0
Milliarden Jahre

FUNKY PRÄKAMBRIUM

1 *An alternative hypothesis for the evolution of same-sex sexual behaviour in animals*, Nature Ecology & Evolution, 2019.

Damit die Hypothese letztlich auch aus evolutionärer Sicht plausibel ist, muss diese sexuelle Herangehensweise zuträglich für das Überleben der Art sein. Ja, ich weiß, das ist schrecklich bieder, aber ich glaube, ich habe bereits darauf hingewiesen, dass die Evolutionstheorie ultra-utilitaristisch ist und deshalb nicht viel vom Funkysein versteht. Wie dem auch sei: Der Untersuchung der Wissenschaftler:innen zufolge hat ebendiese Frage der Ertragfähigkeit bislang unsere Sicht verzerrt – weil angenommen wurde, dass so ein großer 360-Grad-rundum-Erguss zu kostspielig sei: zu viel Energieverschwendung ohne gesicherte Nachkommenschaft.

Aber genauer betrachtet ist es keineswegs so, dass eine breite Streuung zwangsläufig so kostenintensiv ist. Sie könnte sogar Vorteile haben: Erst einmal muss man sich nicht so sehr den Kopf darüber zerbrechen – oder welches Körperteil auch immer, ich weiß ja nicht, ob Seeigel überhaupt einen Kopf haben –, ob der Organismus, den man vor sich hat, männlich oder weiblich ist, was sowieso nicht immer eindeutig ist. Und außerdem gibt es stets einen Teil, der sich am Ende fortpflanzt. Weiterhin können Verhältnisse zwischen Individuen des gleichen Geschlechts soziale Bindungen stärken, auch ohne zur demografischen Aufrüstung beizutragen, und, seien wir mal ganz verrückt, sogar Wohlfühlfaktoren darstellen – wir sorgen uns nicht genug um das Wohlbefinden der Stachelhäuter.

Bei manchen Fledermausarten praktizieren Gruppen von Männchen Oralsex untereinander.

In der wissenschaftlichen Literatur finden sich übrigens keine Beobachtungen von homophobem Verhalten bei anderen Spezies als der unseren. Vielleicht liegt das an fehlenden Daten: Ich konnte keine Studie zu dem Thema ausfindig machen, weder bei den Libellen noch bei den Bandwürmern. Oder vielleicht haben Seesterne und Albatrosse ja auch viel strengere Strafnormen als wir.

Einige Eidechsenarten haben die geschlechtliche Fortpflanzung ganz aufgegeben. Es gibt nur noch Weibchen, die sich ganz allein fortpflanzen (siehe Kapitel 24). Dennoch haben sie weiterhin Sex miteinander.

18. Das Bauchnabel-Tabu

Die Kleiderordnung ist ein sensibles Thema, das immer wieder heftige Krampfanfälle auslöst. Besonders im schulischen Bereich und vor allem in Bezug auf die Bekleidung von Mädchen – da sie hier zu viel und da zu wenig tragen. Oder andersrum. Im September 2020, während der französische Bildungsminister sich mit der Erklärung befleißigte, wie man sich republikanisch korrekt kleiden sollte, wurde bekannt, dass ein Genfer Collège Schüler:innen, deren Klamotten für unangemessen befunden wurden, ein T-Shirt mit der Aufschrift »Ich trage angemessene Kleidung« anziehen ließ. Eine moderne Version des Prangers aus 100 % Baumwolle, die in »T-Shirt der Schande« umgetauft wurde.

Diese ganze Aufregung hat mir Lust gemacht, mich auf die Suche danach zu begeben, was wir über den Moment wissen, in dem unsere Vorfahren begannen, sich zu kleiden, und was überhaupt der Auslöser für diese Veränderung war. Denn ich weiß ja nicht, ob es euch aufgefallen ist, aber wir sind ziemlich allein in dieser Sache: Versucht mal, mit einem Flamingo über »republikanische Kleidung« zu sprechen, er wird sich vermutlich etwas schwer damit tun, das Konzept zu kapieren – das auch ehrlich gesagt nicht so selbsterklärend ist, nicht mal, wenn ihr langjährige Erfahrung mit Socken und Halsbändern vorweisen könnt oder schon einmal in eurem Leben Gamaschen angelegt habt.

> ENTSCHULDIGUNG, ABER WAR DER DRESSCODE DER ERSTEN REPUBLIK NICHT »SANS CULOTTE«, ALSO OHNE UNTERHOSE?

Die lange Geschichte der menschlichen Mode mit all ihren Besonderheiten nahm wahrscheinlich ihren Anfang, als unseren ehrwürdigen Urahnen ein wenig kalt wurde. Im Gegensatz zu den Primaten haben unsere Vorfahren nämlich ihr Fell verloren. Das stellte sicher kein allzu großes Problem für diejenigen dar, die in bestimmten Regionen Afrikas lebten. Es war aber weniger nützlich für das Überleben, als die urzeitlichen Männer und Frauen sich aufmachten, um weniger milde Breitengrade zu erkunden.

WÄHREND DES LETZTEN GLAZIALEN MAXIMUMS BEVÖLKERTEN DIE MENSCHEN DIE REGIONEN IM SÜDEN UND IM ZENTRUM SIBIRIENS SOWIE GANZ IM OSTEN VON RUSSLAND (BIS ZU 58° NÖRDLICHER BREITE) UND LIESSEN SICH VIELLEICHT SOGAR SPORADISCH IN NOCH WEITER NÖRDLICH GELEGENEN ZONEN, BIS ZU 70° N, NIEDER.

DIE PALÄOLITHISCHEN POPULATIONEN VON NORDEURASIEN WAREN GANZ KLAR SCHON LANGE VORHER FÄHIG, DER BAUMLOSEN UMWELT DER TUNDRA ZU TROTZEN. IHR HOHES MASS AN ANPASSUNGSFÄHIGKEIT AN DIE KÄLTE ERMÖGLICHTE IHNEN ZU DIESER ZEIT EIN ÜBERLEBEN IN SIBIRIEN.

Journal des Sciences archéologiques et anthropologiques, Mai 2016

Es ist wichtig zu wissen, dass der menschliche Körper schon bei unter 27 °C Kältesignale aussendet und dass unser Stoffwechsel bei Temperaturen unter 20 °C auf Hochtouren laufen muss, um uns zu wärmen. Den Arbeiten von Ian Gilligan, Archäologe an der Universität von Sydney und Spezialist in der Kleidungsfrage, zufolge ist diese Empfindlichkeit hauptsächlich der Abwesenheit von Fell geschuldet. Kaninchen zum Beispiel können bei bis zu −45 °C überleben, aber wenn sie rasiert werden, steigt dieser Grenzwert auf 0 °C.[1] Da wir wissen, dass der Mensch vor 28.000 Jahren, um die letzte Eiszeit herum, den Nordosten Sibiriens erreicht hat, können wir davon ausgehen, dass er die Kunst, sich in das Fell von anderen einzumummeln, zu diesem Zeitpunkt gut beherrscht haben muss.

Na ja, die Menschen haben sich wahrscheinlich vorher schon gekleidet, aber da Yakfellsträhnen sich schlecht konservieren lassen, haben wir keine materiellen Beweise dafür. Um wirklich weit in der Zeit zurückzugehen, müssen wir uns mit indirekten Schlussfolgerungen begnügen. Biolog:innen haben sich zum Beispiel gefragt, seit wann die beiden Unterarten cer Laus, die Kopflaus und die Körperlaus – also die, die es sich in unseren Kleidern gemütlich macht –, sich genetisch auseinanderentwickelt haben. Ihren Analysen zufolge ist es 100.000 Jahre (oder sogar 170.000 Jahre) her, dass ein Teil dieser liebreizenden Gesellen sich auf Klamotten spezialisiert hat. Und das lässt vermuten, dass sich Menschen mindestens seit dieser Zeit regelmäßig kleiden.

Aber wahrscheinlich liegt das sogar noch viel länger zurück, da vor dem Homo sapiens unter anderem der Homo erectus und der Neandertaler sich an Orten niedergelassen haben, an denen es viel zu kalt war, um völlig nackt zu überleben. Da ist nicht unbedingt die Rede von maßgeschneiderten Kleidern, handgenäht und in Schichten getragen, für einen unschlagbaren Look und maximale Wärmeeffizienz, sondern von einfachen Umhängen oder Schurzen, die um den Körper oder um die Schultern gebunden wurden.

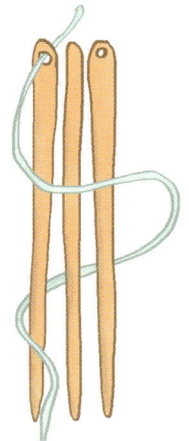

In Sibirien und im Norden Chinas wurden 35-40.000 Jahre alte Nähnadeln aus Knochen gefunden.

1 *The Prehistoric Development of Clothing: Archaeological Implications of a Thermal Model*, Ian Gilligan, Journal of Archeological Method and Theory, März 2010.

Übrigens wurden auch Schaber oder Kratzer zum Gerben von Häuten gefunden, die mehrere hunderttausend Jahre alt sind. Für Ian Gilligan könnten die ersten Kleider vor einer Million Jahre entstanden sein – oder gar länger. Und seitdem wurden sie wahrscheinlich mehrfach von unterschiedlichen Menschenarten neu erfunden.

Das Schamgefühl lässt sich noch schlechter konservieren als Yaksträhnen und daher ist es schwierig, seine Entstehung zu datieren. Aber der Spezialist argumentiert, dass es, angesichts der Anzahl von Völkern, die bis vor Kurzem sehr gut ohne Kleidung auskamen, eher unwahrscheinlich ist, dass dieses der ursprüngliche Antrieb für ihr Aufkommen war. Für ihn ist es eher die sich einstellende Gewohnheit, sich zu bedecken, die die Hemmung vor der Nacktheit in bestimmten Gesellschaften hervorgerufen hat.

Darüber hinaus ist die Scham eine Sache, die sich von Person zu Person, von Ort zu Ort und von Kultur zu Kultur extrem unterscheidet. Der Ethnoarchäologe Jérôme Dubosson von der Universität Neuenburg erklärt, dass es für die äthiopischen Hamar-Frauen völlig normal ist, obenrum nackt zu sein, dass es jedoch – zumindest für diejenigen, die verheiratet sind – als unzüchtig gilt, die kleine Vertiefung zu zeigen, die sich unten am Hals befindet,[2] zwischen den Schlüsselbeinen und unter dem Adamsapfel, und die in meiner Kultur fröhlich bei jeder Gelegenheit zur Schau gestellt wird. Bei mir ist es in letzter Zeit oft der Bauchnabel, vor allem der weibliche, der Anstoß erregt. Eines Tages wird es vielleicht unser rechter großer Zeh sein. Da müssen wir keine Flamingos sein, um schlecht hinterherzukommen.

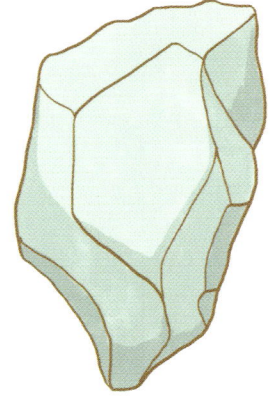

Die ältesten direkten Beweise der Nutzung von Schabern für das Gerben von Häuten gehen 400.000 Jahre zurück (also bis vor der Entstehung unserer Spezies). Aber sie existieren seit noch viel längerer Zeit. In China wurden welche gefunden, die mehr als eine Million Jahre alt sein könnten.

19. Hierarchie: Der Zufall macht seine Sache gut

Die Art und Weise, wie wir unsere Chefs und Chefinnen ernennen, ist meiner Meinung nach eines der großen Probleme des Patriarchats. Selbst wenn wir eines Tages eine gleichberechtigte Machtverteilung zwischen Männern und Frauen erreichen: Wenn die Frauen, die Zugang zur Entscheidungsgewalt haben, diejenigen sind, die am lautesten reden, dann haben wir nicht viel erreicht. Unter der umfangreichen Literatur zu diesem Thema gibt es eine Studie der Universitäten Freiburg und Zürich,[1] die bestätigt, dass es keine gute Idee ist, Führungskräfte nach Dezibel auszuwählen. Auch die Auswahl nach Kompetenz ist nicht wirklich zielführend. Den Untersuchungen zufolge wäre es besser, das Ganze einfach dem Zufall zu überlassen.

Im Rahmen eines Experiments stellte das Forschungsteam den Teilnehmenden zu Beginn ein paar Aufgaben. Dinge wie: »Schätzen Sie, zu wie viel Prozent eine Tomate aus Wasser besteht« oder »Schätzen Sie die Beteiligungsquote bei der und der Wahl ein«. Die Testpersonen sollten antworten und dabei angeben, wie sicher sie sich waren. Das ermöglichte es den Wissenschaftler:innen, diejenigen zu identifizieren, die im Allgemeinen gute Antworten gaben, sowie jene, die dachten, gute Antworten zu geben – die also am selbstsichersten waren.

Anschließend wurden die Versuchskaninchen in mehrere Gruppen eingeteilt, mit jeweils einer Führungsperson, die entweder aufgrund ihrer Kompetenz, ihres Selbstvertrauens oder aber nach dem Zufallsprinzip ausgewählt worden war. Und dann stellten die Forschenden noch einmal ihre Fragen, auf die die Gruppenleitenden antworten sollten, indem sie die Meinung ihrer Untergebenen mal berücksichtigten und mal nicht.

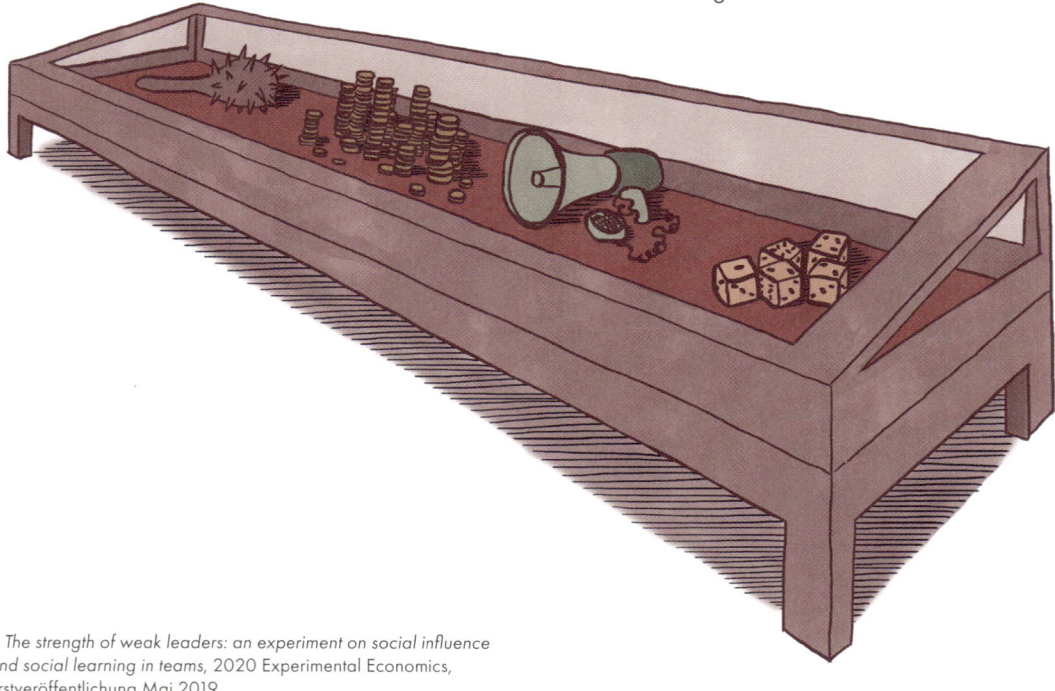

1 *The strength of weak leaders: an experiment on social influence and social learning in teams*, 2020 Experimental Economics, Erstveröffentlichung Mai 2019.

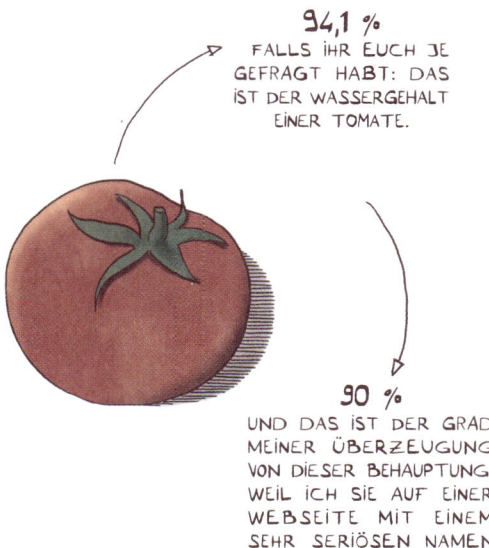

94,1 %
FALLS IHR EUCH JE
GEFRAGT HABT: DAS
IST DER WASSERGEHALT
EINER TOMATE.

90 %
UND DAS IST DER GRAD
MEINER ÜBERZEUGUNG
VON DIESER BEHAUPTUNG,
WEIL ICH SIE AUF EINER
WEBSEITE MIT EINEM
SEHR SERIÖSEN NAMEN
GEFUNDEN HABE.

Heiko Rauhut, Professor für Sozialtheorie und quantitative Methoden an der Universität von Zürich, erzählt, dass die Teams, deren Leiter:innen zufällig ausgewählt worden waren, besser abschnitten als die anderen. »Führungspersonen, die zu sehr von ihren Fähigkeiten überzeugt sind, hören zu wenig darauf, was ihre Mitarbeiter und Mitarbeiterinnen zu sagen haben, und messen ihrer eigenen Meinung zu viel Gewicht bei«, erklärt er. »Diese Personen nutzen nicht alle verfügbaren Informationen und deshalb erzielen ihre Gruppen schlechtere Ergebnisse. Gleichzeitig machen die Mitglieder dieser Gruppen seltener ihre Meinung geltend. Sie schließen sich eher denen ihres Chefs oder ihrer Chefin an und so bringen alle zu wenig von ihrem eigenen Wissen ein.« Und das verschlimmert sich noch, wenn explizit gesagt wird, dass die Führungsperson gerade deshalb ausgewählt wurde, weil sie Vertrauen in die eigenen Fähigkeiten hat: Dann trauen sich die anderen nämlich noch weniger, ihre Meinung zu sagen.

DEMOKRATIE

Bei den Gruppenleitenden, die aufgrund ihrer Kompetenzen ernannt wurden, waren die Ergebnisse besser. Aber innerhalb der Teams hatten die Individuen ebenfalls größere Schwierigkeiten, ihre Argumente geltend zu machen, wenn sie wussten, dass die Führungsperson besonders kompetent ist. Zumal Kompetenz im echten Leben etwas sehr Subjektives ist, das sich nur schwer messen lässt. Eine zufällige Auswahl der Gruppenleitenden hingegen ist sehr einfach, was einen Vorteil darstellt.

Und es gibt einen Bonus: »Wenn eine zufällige Auswahl getroffen wird, dann können die Leute nicht sagen, dass sie besonders begabt für dies oder das sind und dass sie deshalb berechtigt sind, ihre Ansichten durchzusetzen«, meint Heiko Rauhut. »Wenn eine Person weiß, dass es keinen besonderen Grund dafür gibt, dass sie eine führende Position innehat, dann ist sie eher bereit, den anderen zuzuhören und deren Meinung in Betracht zu ziehen. Dadurch erzielt die Gruppe bessere Ergebnisse.«

ZUR HORIZONTALITÄT

Es bleibt zu überprüfen, ob ein solches System auch in großem Maßstab anwendbar ist. Auf jeden Fall kommt die Idee der Zufallsdemokratie seit langer Zeit immer mal wieder auf – schon die Alten Griechen dachten darüber nach – und diese Studie ist ziemlich ermutigend. Natürlich ist das Forschungsteam noch vorsichtig: Es ist nicht gesagt, dass ein Experiment mit 180 Testpersonen sich auf die Regierung eines Landes mit mehreren Millionen Menschen übertragen lässt. Allerdings würde es ja auch ihre Position unglaubwürdig machen, wenn diese Leute zu sehr von dem überzeugt wären, was sie sagen, oder?

DER ERSTE WAHLGANG
LOS GEHT'S!
ANNABELL
MICHEL
FATIMA
JEAN-JACQUES
SHANYA
KEVIN
FANNY
BRYAN
YOUSSEF
SOFÍA
AWA
MAI
CHEN
JACK
SULEYMAN
KALI

20. Alles eine Frage der Größe

Anfang März 2022 geschah etwas Lustiges: Paläontolog:innen stellten die Hypothese auf, es gäbe nicht nur eine, sondern drei verschiedene Arten des T-Rex.[1] Diese Spezialist:innen schätzten, dass es zu viele Abweichungen untereinander gibt – sehr zierliche Exemplare auf der einen Seite und robustere auf der anderen –, um es mit einem sexuellen Dimorphismus zu tun zu haben. Der Witz an der Sache ist, dass die wenigen Hinweise auf das Geschlecht der Fossilien darauf hindeuten, dass die Weibchen ganz schön stämmig waren. Bei den Männchen wissen wir es nicht. Dennoch schlagen die Wissenschaftler:innen vor, den kräftigen Exemplaren den Namen Tyrannosaurus-rex – also Tyrannen-Echsen-König – zu lassen und die zierlicheren Geschöpfe fortan Tyrannosaurus regina – Tyrannen-Echsen-Königin – zu nennen. Was veranschaulicht, wie schwer wir uns damit tun, die Welt mal mit anderen Augen zu sehen.

Wenn wir das Tierreich in seiner Gesamtheit betrachten, ist anzunehmen, dass es mehr Arten gibt, bei denen das Weibchen größer ist als das Männchen, als umgekehrt. Das ist vor allem beim Blauwal der Fall, dem größten aller Tiere, der mehr als 30 Meter lang werden kann. Was nebenbei bemerkt bedeutet, dass das größte Lebewesen auf unserem Planeten ein Weibchen ist – ich meine ja nur. Lasst euch das mal durch den Kopf gehen. Und es gibt noch viele andere, ziemlich aussagekräftige Beispiele, wie etwa das des Löcherkraken, wo Frau Oktopus eine Größe von bis zu zwei Metern erreichen kann, während das Männchen kaum mehr als zwei Zentimeter misst. Wahrscheinlich mussten Forschende sie in flagranti erwischen, um sich bewusst zu werden, dass es sich um dieselbe Spezies handelt.

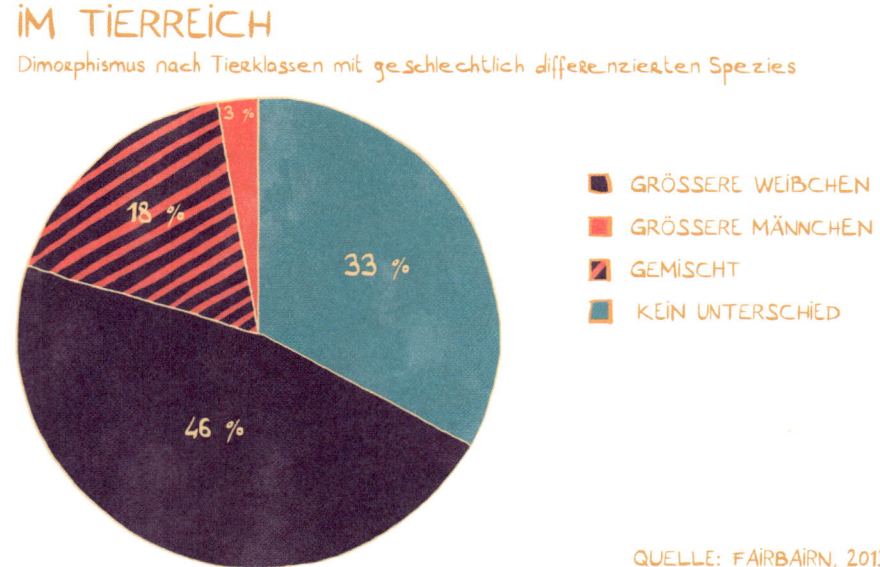

IM TIERREICH
Dimorphismus nach Tierklassen mit geschlechtlich differenzierten Spezies

- 3 %
- 18 %
- 33 %
- 46 %

- ■ GRÖSSERE WEIBCHEN
- ■ GRÖSSERE MÄNNCHEN
- ▨ GEMISCHT
- ■ KEIN UNTERSCHIED

QUELLE: FAIRBAIRN, 2013

1 *The Tyrant Lizard King, Queen and Emperor: Multiple Lines of Morphological and Stratigraphic Evidence Support Subtle Evolution and Probable Speciation Within the North American Genus Tyrannosaurus*, Evolutionary Biology, März 2022.

Bei den Gliederfüßern – dem größten Zweig des Tierreichs, der vor allem Insekten, Spinnen und Krustentiere umfasst – sind die Weibchen im Allgemeinen größer als die Männchen. Somit sind das sehr, sehr viele Weibchen. Das gilt auch für die meisten Reptilien, Fische, Amphibien und jede Menge anderes Getier. Es scheint, dass dieser Größenunterschied mit der Erzeugung und der Reifung der Eier zusammenhängt. Größere Weibchen produzieren mehr Eier und sind bei der Fortpflanzung erfolgreicher. Das bedeutet, dass sie, oder besser gesagt ihre Gene, aufgrund dieser breiteren Nachkommenschaft größere Anteile des Marktes für sich erobern können.

Dieser »umgekehrte« Dimorphismus der Gliederfüsser, wie wir ihn als unverbesserliche Anthropozentriker:innen nennen, kommt bei Säugetieren (und Vögeln) in der Tat seltener vor. Aber eine neue Studie deutet darauf hin, dass es auch auf unserem kleinen Zweig am Stammbaum des Lebens nicht die Norm ist, dass die Männchen größer sind.[2] Neben den Tieren, bei denen es keinen Größenunterschied zwischen den Geschlechtern gibt, findet sich eine ganze Schar weiterer Arten, bei denen die Damen ihren männlichen Artgenossen an Größe einiges voraushaben – vor allem bei den Hyänen, den Raubvögeln, den Antilopen und den Fledermäusen. Und auch bei den Säugetierweibchen gehen manche Wissenschaftler:innen davon aus, dass Größe einen Vorteil für die Fortpflanzung darstellt, da diese die Überlebenschancen des Nachwuchses erhöht, einerseits in Bezug auf die Energievorräte, aber auch, was das Tragen oder den Schutz der Jungen anbelangt.[3]

BEI DEN SÄUGETIEREN

Dimorphismus, nach Spezies

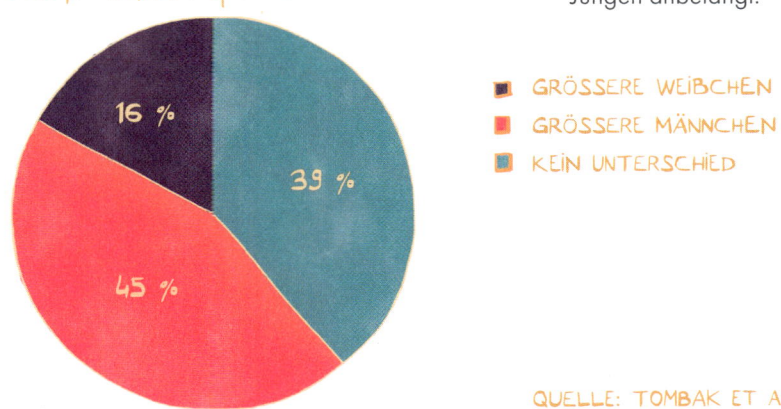

- ■ GRÖSSERE WEIBCHEN
- ■ GRÖSSERE MÄNNCHEN
- ■ KEIN UNTERSCHIED

QUELLE: TOMBAK ET AL., 2024

2 *New estimates indicate that males are not larger than females in most mammals*, Kaia Tombak et al., Nature, 2024.
3 *Mammals in which females are larger than males*, Katherine Ralls, The Quarterly Review of Biology, 1976.

Das ist besonders ärgerlich, wenn wir uns bis ganz an die Spitze unseres Zweiges vorwagen zu den Menschenaffen, denn da sind es die Männchen, die am größten sind. Manche Gorillas und Orang-Utans sind sogar bis zu doppelt so groß wie die Weibchen (siehe S. 18). Wenn sich der Dimorphismus auf diese Weise auslebt, dann wird im Allgemeinen angenommen, dass ein Wettbewerb vorherrscht. Häufig gibt es also sehr unschöne Kämpfe zwischen den Männchen um das Paarungsrecht mit einem Weibchen. In diesem kriegerischen Rahmen verschafft ihnen eine überlegene Körpergröße einen Vorteil bei der Fortpflanzung.

Priscille Touraille, Sozioanthropologin am Pariser Naturkundemuseums (Muséum national d'histoire naturelle), argumentiert jedoch: Wenn auch die

Kampflust für die Weitergabe der Gene dieser Männchen an nachfolgende Generationen vorteilhaft ist, ist sie nicht unbedingt vorteilhaft für die Individuen selbst. Wenn man darauf zugeschnitten ist, ein Raufbold zu sein, führt das eben dazu, dass man einen wesentlichen Teil seines Lebens damit verbringt, sich zu prügeln.

Und es ist auch nicht unbedingt ein Vorteil für das Überleben der Art im Allgemeinen. Die Unmengen an Essen, die diese riesigen Herren mampfen müssen, um ihren großen Organismus zu stärken, steht nun nicht mehr den Weibchen zur Verfügung. Diese dagegen müssen das Überleben der Jungen im Mutterleib, während des Säugens und manchmal sogar danach sichern, bis die Kinder ernährungsmäßig unabhängig sind.

DAS MODELL DES MÄNNLICHEN BESCHÜTZERS

Ursprünglich herrschte die Ansicht, dass einige männliche Primaten größer sind, um die Gruppe zu beschützen. Primatolog:innen haben jedoch festgestellt, dass bei manchen Arten, wie zum Beispiel bei den Pavianen und Husarenaffen, die Männchen im Falle einer ernsthaften Bedrohung eher die Flucht ergreifen und die Weibchen mit den Jungtieren zurücklassen.

DIE MÄNNCHEN SIND ALSO DOCH KEINE GRÖSSEREN BESCHÜTZER FÜR DIE GRUPPE ALS DIE WEIBCHEN.

»RETTE SICH, WER KANN« IST EINE TREFFENDERE BESCHREIBUNG DER MÄNNLICHEN REAKTION AUF RAUBTIERE ...

Der Husarenaffe ist besonders fluchtbegabt: Er ist der schnellste Primat und erreicht Spitzengeschwindigkeiten von bis zu 80 km/h.

Quelle: T. E. Rowell und J. Chism (1986), Priscille Touraille (2008)

EIN MÖRDERISCHER WETTLAUF UM DIE FORTPFLANZUNG?

Bei den See-Elefanten bringen die Männchen bis zu sieben Mal mehr Gewicht auf die Waage als die Weibchen.

Je größer sie sind, desto eher haben sie Zugang zu einem dominanten Platz in der Hierarchie.

Doch der Kampf der Kolosse um die Fortpflanzung hat seinen Preis: Sie können ein Auge, eine Flosse oder sogar ihre Haut lassen.

Es scheint auch, dass der erhöhte Stress und Energiebedarf im Zusammenhang mit diesem Wettbewerb die Gesundheit der großen Männchen schwächt.

Die Anthropologin Priscille Touraille erklärt, dass bei einem Drittel aller Primaten, beispielsweise Gibbons und madagassischen Indris, alle Tiere gleich groß sind, während bei den Menschenaffen die Männchen größer sind. In vielen dieser sogenannten »monomorphen« Arten scheinen die Weibchen bei der Nahrungssuche den Vorrang zu haben – bei manchen nur während der perinatalen Phase, bei anderen immer. Die Forscherin hat ihre Doktorarbeit[4] dem Versuch gewidmet, zu verstehen, warum Menschen nicht ebenfalls monomorph sind. Frauen sind im Durchschnitt nämlich 13 Zentimeter kleiner als Männer. Dieser Unterschied kann bis zu 18 Zentimeter in Montenegro betragen oder sich in einigen Bevölkerungsgruppen Neuguineas auf 6 Zentimeter verringern, aber vorhanden ist er überall.

WEIBCHEN SIND DIREKTER VON DER LAST DER FORTPFLANZUNG BETROFFEN. WARUM HABEN SIE BEI DER NAHRUNGSSUCHE DANN NICHT GENERELL VORRANG VOR DEN MÄNNCHEN?

SARAH BLAFFER HRDY

PRIMATOLOGIN UND ANTHROPOLOGIN

4 Und ein Buch: *Hommes grands, femmes petites: une évolution coûteuse. Les régimes de genre comme force sélective de l'évolution biologique*, Éditions de la Maison des Sciences de l'Homme, 2008.

Doch argumentiert Priscille Touraille, dass es in unserer Spezies für Frauen ein Vorteil ist, groß zu sein, und das mehr noch als bei anderen Lebewesen. Das hat mit den geburtstechnischen Vorgaben zu tun, die mit unserer Art der Fortbewegung zusammenhängen. Wie wir bereits in Kapitel 13 gesehen haben, hat sich unser Becken im Laufe der menschlichen Evolution verengt, damit wir aufrecht gehen können. Gleichzeitig ist unser Schädel immer größer geworden, was zu ernsthaften Problemen bei der Geburt führt. Je größer die Statur aber, desto weiter ist der Geburtskanal, was die Risiken wiederum verringert. Die Daten zeigen außerdem, dass bei kleineren Frauen die Wahrscheinlichkeit höher ist, bei der Entbindung zu sterben oder Komplikationen zu erleiden. Der Anthropologin zufolge könnte dies der Faktor sein, der den großen Wachstumsschub der Gattung Homo sapiens im Vergleich zu ihrem Vorfahren, dem Australopithecus, erklärt: Ein selektiver Druck auf die Frauen, der diejenigen begünstigt, die genauso groß sind wie Männer, oder sogar größer.

In den 3,2 Millionen Jahren, die zwischen Lucy und Lucy Liu liegen, hat sich die Gattung Mensch stark weiterentwickelt. Die Schauspielerin ist etwa anderthalb Mal so groß wie die berühmte Australopithecus-Dame.

KLEINE MAKABRE RECHENÜBUNG

Historiker:innen nehmen an, dass im 17. und 18. Jahrhundert in Europa ein Viertel der Todesfälle bei Frauen zwischen 15 und 50 Jahren geburtshilflichen Ursprungs waren.

Das Todesrisiko bei einer Entbindung wurde auf 1,3 % geschätzt, was, wenn man von sechs Schwangerschaften im Laufe eines Lebens ausgeht, immerhin eine Wahrscheinlichkeit von 8 % ergibt, bei der Geburt zu sterben. Das entspricht übrigens dem derzeitigen Anteil der Geburten, bei denen eine Komplikation während der Entbindung einen Kaiserschnitt erfordert.

WENN DIE VERBINDUNG ZWISCHEN KÖRPERBAU UND GEBÄRFÄHIGKEIT ZEIGT, DASS EIN HÖHERER WUCHS FÜR MENSCHLICHE FRAUEN NOCH VORTEILHAFTER FÜR DIE FORTPFLANZUNG IST ALS FÜR ANDERE WEIBLICHE SÄUGETIERE, DANN SOLLTE DER GESCHLECHTSDIMORPHISMUS IN BEZUG AUF DIE KÖRPERGRÖSSE BEI DER MENSCHLICHEN SPEZIES DOCH EIGENTLICH NICHT STÄRKER AUSGEPRÄGT SEIN ALS BEI INDRIS UND GIBBONS.

PRISCILLE TOURAILLE

SOZIOANTHROPOLOGIN

Dass Frauen nicht überlegen größer sind, liegt laut Priscille Touraille daran, dass Männer seit sehr langer Zeit einen privilegierten Zugang zu bestimmten Nahrungsmitteln haben, vor allem zu tierischem Eiweiß. Dabei wären es, wie bei anderen Spezies auch, die Frauen, die darauf am meisten angewiesen sind. Dies – fährt die Forscherin fort – aufgrund der Belastung, die mit der Fortpflanzung einhergeht: »Proteinhaltige Nahrungsmittel mit hohem Nährwert werden von allen Primatenweibchen bevorzugt gewählt, wenn sie die Möglichkeit dazu haben.« Und ein menschliches Baby mit seinem großen energiefressenden Gehirn verbraucht besonders viele Kalorien.

UM EUCH EINE VORSTELLUNG ZU VERMITTELN: BEI ANDEREN PRIMATEN DIENEN 3 BIS 4 % DES GRUNDSTOFFWECHSELS DER HIRNFUNKTION.

BEI ERWACHSENEN MENSCHEN SIND ES 20 BIS 25 %.

UND BEI KINDERN UNTER FÜNF JAHREN SIND ES ZWISCHEN 40 UND 85 %.

EIN PAAR ANTHROPOLOGISCHE STUDIEN

● Beobachtungen von Ungleichheiten beim Zugang zu tierischem Eiweiß

In früheren Gesellschaftsformen Irlands aßen die Frauen und Kinder erst dann, wenn die Männer und die älteren Jungen satt waren.

Anfang des 20. Jahrhunderts hatte ein Volk von Rentierjägern folgende Faustregel, um die Verteilung des Fleisches zu legitimieren: »Wenn du eine Frau bist, bekommst du die Überbleibsel.«

Eine 1980 in Großbritannien durchgeführte Studie ergab, dass Frauen ihre eigenen Bedürfnisse häufig denen ihres Partners oder ihrer Kinder unterordnen.

In einigen Bevölkerungsgruppen Neuguineas haben Männer offenbar Vorrang beim Zugang zu Schweinefleisch, weil der Glaube vorherrscht, dass die Männer durch die proteinreiche Nahrung, die vornehmlich Frauen, Kinder und alte Menschen zu sich nehmen (Frösche, Insekten und Kleinwild), verunreinigt werden.

Priscille Touraille greift auf die Studien vieler ihrer anthropologischen Kolleg:innen zurück, um zu veranschaulichen, dass Frauen auf der ganzen Welt zwischen Hausarbeit und Existenzsicherung nebenbei eine ebenso hohe, wenn nicht sogar höhere Arbeitsbelastung zu stemmen haben als die Männer. Das Ernährungsdefizit hat großgewachsene Frauen benachteiligt, da sie nicht genug zu essen hatten, um den Energiebedarf ihres Körpers zu decken. Und dadurch, dass sie somit weniger Überlebenschancen hatten als die anderen, hat sich auch die Anzahl ihrer Nachkommen verringert und so die Verbreitung der Gene eingeschränkt, die für ihre Größe verantwortlich waren.[5] Dadurch wurde der Wuchs der Frauen im Laufe der Entwicklung unserer Abstammungslinie begrenzt.

OBWOHL DER GEDANKE, DASS MÄNNER MEHR UND BESSER ESSEN MÜSSEN ALS FRAUEN, MOMENTAN VON DER ERNÄHRUNGSFORSCHUNG WEITGEHEND INFRAGE GESTELLT WIRD, HANDELT ES SICH DABEI UM DIE WOMÖGLICH AM WEITESTEN VERBREITETE ANNAHME DER HUMANWISSENSCHAFT.

PRISCILLE TOURAILLE
SOZIOANTHROPOLOGIN

Diese Annahme lässt so manche:n aufschreien, vor allem Wissenschaftler:innen, die meinen, das sei reine Spekulation und es gäbe keine Beweise. Es ist jedoch weder das erste noch das letzte Mal, dass die Evolutionstheorie Anlass zu Vermutungen gibt, die schwer zu überprüfen sind und meist hingenommen werden, ohne mit der Wimper zu zucken. Das Verdienst der ausführlichen Argumentation von Priscille Touraille liegt dennoch darin, dass sie aufzeigt, wie sehr es sich lohnt, sich mit dieser Frage auseinanderzusetzen.[6]

Allerdings könnte man heutzutage erwarten, dass sich der Größenunterschied zwischen den Geschlechtern dank des verbesserten Zugangs zu Nahrung zumindest stellenweise verringert hätte. Aber das ist nicht der Fall. Zunächst einmal lassen sich derartige Entwicklungen nicht in zwei, drei Schritten rückgängig machen – zumal Frauen nach wie vor stärker von Unterernährung betroffen sind, wie ein im März 2023 veröffentlichter Bericht der UNICEF[7] belegt. Und selbst wenn wir es schaffen würden, diese Ungerechtigkeiten auszugleichen, und noch einige zehntausend Jahre leben würden, um zu beobachten, was passiert: Der Kaiserschnitt wendet das Blatt, zumindest in den Ländern, wo er gang und gäbe geworden ist: Er hat Komplikationen bei der Entbindung für Frauen mit geringer Körpergröße drastisch reduziert.

5 Es ist vorstellbar, dass einige dieser Gene »geschlechtsspezifisch« gewesen sein könnten, das heißt, dass sie sich unterschiedlich ausprägen, je nachdem, ob sie sich im Körper einer Frau oder eines Mannes befinden.
6 Wie der Wissenschaftshistoriker Dominique Pestre im Vorwort von Priscille Tourailles Buch hervorhebt.
7 *Unterernährt und übersehen: Die globale Ernährungskrise von heranwachsenden Mädchen und Frauen*, UNICEF, März 2023.

Eine Studie aus dem Jahr 2000, die anhand von 4.000 polnischen Männern durchgeführt wurde, kam zu dem Ergebnis, dass größere Männer bei der Fortpflanzung erfolgreicher sind als kleinere. Das deutet darauf hin, dass eine aktive Selektion durch die Frauen in Bezug auf den Wuchs des männlichen Partners stattfindet.

Zwei Jahre später stellte eine andere Studie mit 10.000 in Großbritannien geborenen Personen fest, dass nicht nur überdurchschnittlich große Männer mehr Nachkommen haben, sondern auch Frauen, die kleiner sind als der Durchschnitt. Die Wissenschaftler:innen argumentieren, dass dies zur Aufrechterhaltung und Steigerung des geschlechtlichen Dimorphismus führt.

Mehrere Studien belegen übrigens, dass heutzutage Frauen, die kleiner sind als der Durchschnitt, und Männer mit überdurchschnittlicher Größe höhere Erfolgschancen bei der Fortpflanzung haben. Es ist, als ob der Dimorphismus an sich erstrebenswert geworden wäre. Auf Englisch wird dieses Phänomen »male-taller norm« genannt – die Norm des größeren Männchens, eine soziale Norm, die unseren Genpool beeinflusst, indem sie die Gene von sehr kleinen Männern und sehr großen Frauen benachteiligt, erläutert Priscille Touraille.[8] Und so sehr, wie Carla Bruni sich verrenkt, um bloß keinen Schatten auf Nicolas Sarkozy zu werfen,[9] sind die Chancen gering, dass diese Tendenz sich je umkehrt.

DIE VORSTELLUNG, DASS IN HETEROSEXUELLEN PARTNERSCHAFTEN DIE MÄNNER IMMER EIN STÜCKCHEN GRÖSSER SEIN MÜSSEN ALS DIE FRAUEN, SCHAFFT RAUM FÜR EINE UNMISSVERSTÄNDLICHE – UM NICHT ZU SAGEN UNTERDRÜCKERISCHE – NORM.

DIESE SOZIOLOGISCHE WIRKLICHKEIT HAT GENETISCHE KONSEQUENZEN: KLEINE MÄNNER UND GROSSE FRAUEN TRAGEN WENIGER ZUM GENPOOL BEI, WÄHREND DIE GENE KLEINER FRAUEN UND GROSSER MÄNNER AN HÄUFIGKEIT ZUNEHMEN.

PRISCILLE TOURAILLE
SOZIOANTHROPOLOGIN

8 *Encyclopédie critique du genre, corps sexualité, rapports sociaux*, Éd. La Découverte, herausgegeben von Juliette Rennes, unter Beteiligung von Priscille Touraille.
9 Vor allem auf vielen Titelseiten der Zeitung *Paris Match*, wie Monat Chollet ausführt, in: *Wir müssen die Liebe neu erfinden. Wie das Patriarchat heterosexuelle Beziehungen sabotiert*, übers. v. Norma Cassau und Nadine Lipp, DuMont, 2023.

21. Impfen aus Altruismus: Hoden vs. Gebärmutter

Während der Covid-19-Pandemie wurde viel über Altruismus im Zusammenhang mit Impfungen gesprochen. Wir lassen uns für uns selbst impfen, aber auch für andere, die besonders gefährdet sind, für die die Impfung keinen ausreichenden Schutz bietet oder die sich nicht impfen lassen können. Eine Welle der Solidarität, die allerdings etwas Mühe hatte, die nationalen Grenzen zu überwinden, als es darum ging, die ersten Dosen weltweit zu verteilen, und sich zuallererst die Länder mit dem größten Geldbeutel darauf stürzten.

Andere Impfungen veranschaulichen die Dehnbarkeit des Altruismusbegriffs in diesem Bereich – und manchmal auch seinen Sexismus. Klar, es gibt auch »egoistische« Impfungen, wie das Tetanus-Diphtherie-Polio-Trio, die nur die Person schützen, die geimpft wird[1] – und das ist ja schon mal nicht schlecht. Aber es gibt eben auch noch andere.

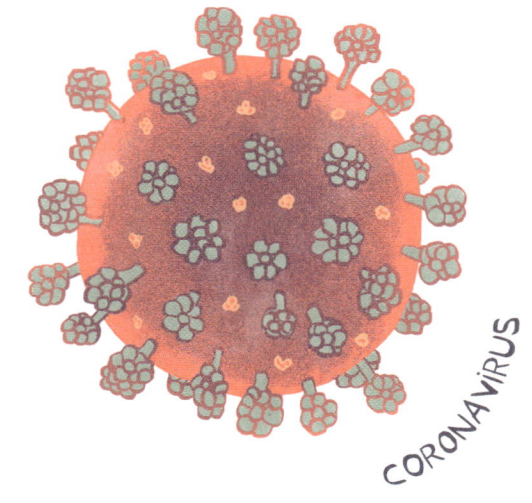

CORONAVIRUS

1 Im Gegensatz zur oral verabreichten Form der Polio-Impfung – mit abgeschwächtem Virus –, die in Gegenden Anwendung findet, in denen die Krankheit noch grassiert.

Lise Barnéoud ist Wissenschaftsjournalistin und Autorin, unter anderem von *Immunisés ? – Un nouveau regard sur les vaccins*[2] (zu Deutsch: Immun? – Ein neuer Blick auf das Impfen). »In meinem Buch habe ich der Impfung gegen Röteln den Preis für den größten Altruismus verliehen, weil es sich um eine Impfung handelt, die allen Säuglingen verabreicht wird«, erklärt sie. »Und nicht etwa, um sie selbst zu schützen, denn letztendlich sind Röteln für sie, wie für uns Erwachsene, keine große Sache. Sie werden geimpft, um ungeborene Föten zu schützen und sicherzustellen, dass das Virus nicht im Umlauf ist und dass es nicht möglicherweise eine schwangere Frau infizieren könnte. Denn Föten sind sehr anfällig für diese Krankheit. Ich finde es ziemlich unglaublich, dass eine allgemeine Impfung so weitgehend akzeptiert wird. Ihre Risiken sind bekannt und äußerst gering, aber wenn eine ganze Bevölkerung geimpft wird – in Frankreich sind das zwischen 700.000 und 800.000 Babys pro Jahr –, dann treten zwangsläufig Nebenwirkungen auf. Wir nehmen also dieses Risiko in Kauf, weil wir glauben, dass es sich zum Schutz der Föten lohnt.«

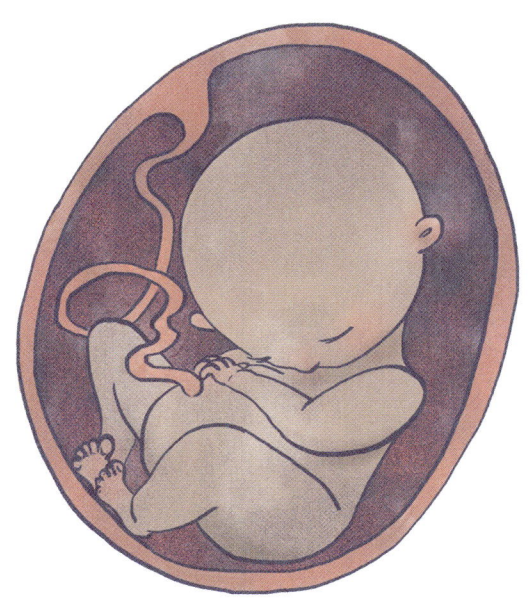

Wenn von Nebenwirkungen die Rede ist, geht es manchmal nur um ein paar wenige Menschen unter Hunderttausenden. Wenn aber eine ganze Bevölkerungsgruppe geimpft wird, nur, um eine andere zu schützen, dann ist das ein Faktor, der in Betracht gezogen werden muss. Und manchmal wird entschieden, dass es das Risiko nicht wert ist. So ist es beim Grippevirus, das vor allem für ältere Menschen ein Problem darstellt, das aber hauptsächlich bei Kindern auftritt, für die die Krankheit meist ohne Folgen bleibt. »Es stellt sich die Frage, ob wir alle Kinder impfen sollten, um die Verbreitung des Virus in der Bevölkerung einzudämmen und die Älteren zu schützen, die nicht nur am anfälligsten für das Virus sind, sondern auch am wenigsten auf die Impfung reagieren«, erläutert Lise Barnéoud. Das würde allerdings bedeuten, dass das Risiko, so gering es auch sein mag, auf Individuen verlagert wird, deren Lebensjahre wesentlich weniger sind als die der Älteren.

2 Éd. Premier Parallèle, 2017.

Ein anderes Beispiel, das zu denken gibt, ist das der Papillomviren, vor allem verglichen mit Mumps. »Mumps ist eine der ungefährlicheren Krankheiten, gegen die in unserem Land flächendeckend geimpft wird«, betont Barnéoud. »Einer der Gründe für diese allgemeine Impfung ist, pubertierende Jungen vor einer besonders schmerzhaften Hodenentzündung zu schützen, die möglicherweise ihre Fruchtbarkeit beeinträchtigen kann. Aber auch Mädchen, auf die die Krankheit weniger Auswirkungen hat, werden geimpft, um die Zirkulation der Viren einzudämmen und so die Jungen besser zu schützen. Dagegen wurden Impfungen gegen Papillomviren – die verantwortlich für manche Arten von Gebärmutterkrebs sind[3] – lange Zeit fast ausschließlich Mädchen empfohlen. Das ist doch normal, werdet ihr sagen, Jungs haben ja auch keine Gebärmutter, aber das ist genau die gleiche Situation wie bei Mumps«, erklärt Lise Barnéoud.

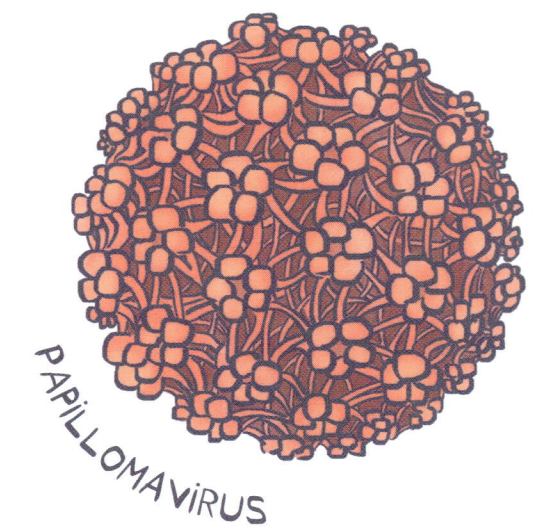

PAPILLOMAVIRUS

Angesichts dieser Asymmetrien fragt sich Lise Barnéoud manchmal, ob die Entwicklung von Altruismus in irgendeiner Weise vom Vorhandensein einer Gebärmutter abhängt. Aber vielleicht können wir, wenn wir nur laut genug motzen, ja mehr Selbstlosigkeit sprießen lassen – sogar bei denen, die keine Gebärmutter haben – und so eine gerechtere Impfstrategie entwickeln. Jedenfalls werden in Frankreich seit Januar 2021 auch Jungs dazu ermuntert, sich gegen Papillomviren impfen zu lassen. In der Schweiz wurde die Impfung 2024 in den Basisplan der Empfehlungen für junge Männer aufgenommen und Aufklärungskampagnen richten sich nicht mehr nur an Mädchen, wie es noch vor einigen Jahren der Fall war. Dennoch ist die Impfrate bei den Jungen nach wie vor niedrig.[4] Wenn alles nichts hilft, könnten wir ja mal eine Uterus-Transplantation in Erwägung ziehen und schauen, ob sie sich dann betroffener fühlen.

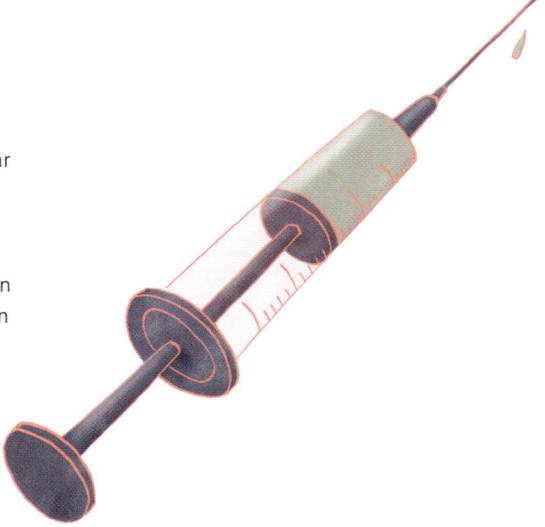

3 Und auch, selbst wenn das weniger häufig vorkommt, für Anus-, Rachen- und, noch seltener, Vagina-, Vulva- oder Peniskrebs.
4 Nach Angaben der französischen Gesundheitsbehörde lag der Anteil im Jahr 2022 bei 8,5 % (gegenüber 41,4 % bei den Mädchen). Das Schweizer Bundesamt für Gesundheit schätzte den Anteil zwischen 2020 und 2022 auf 42 % (gegenüber 71 % bei den Mädchen).

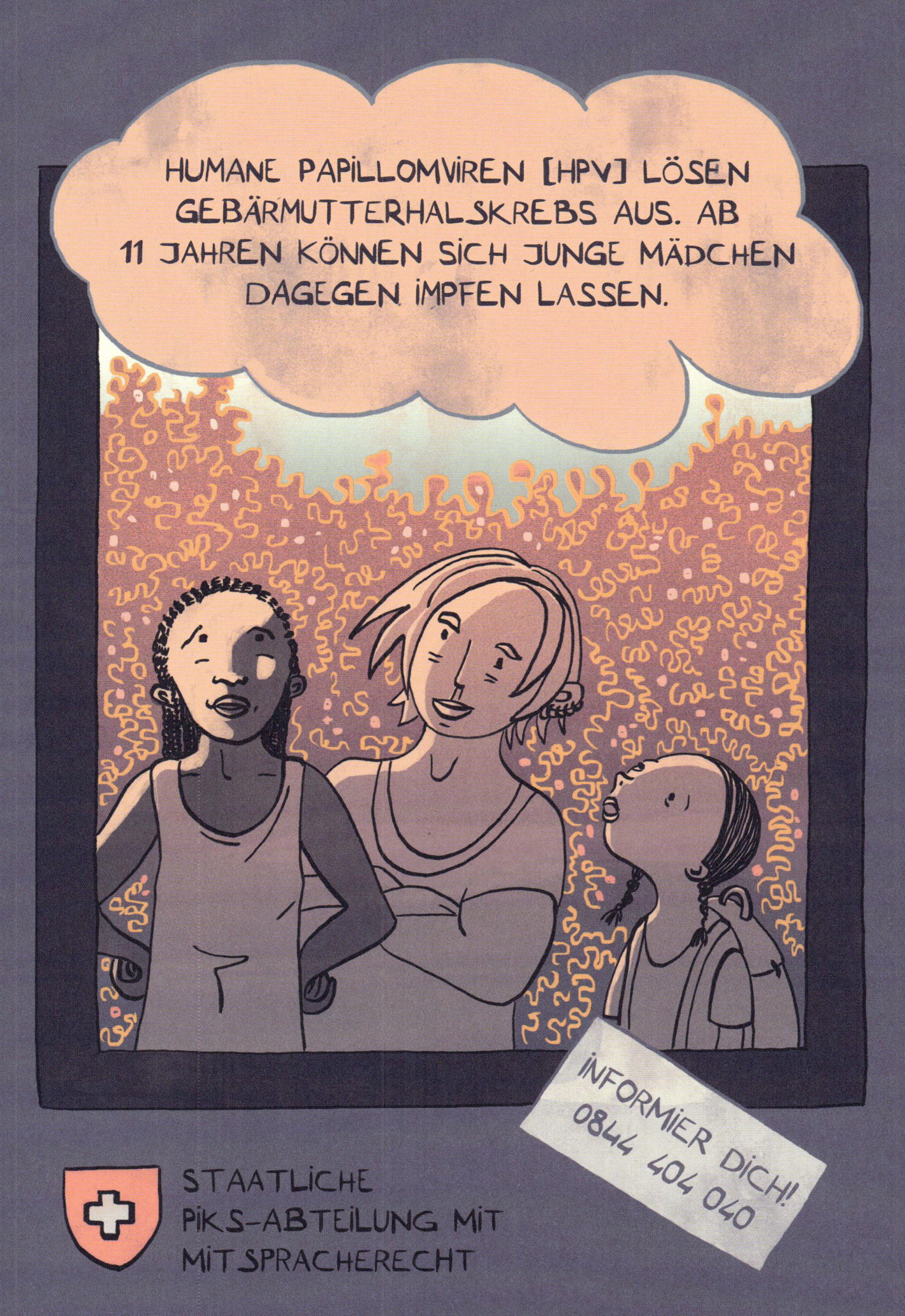

22. Der Übermut des weiblichen Immunsystems

Ganz am Anfang der Covid-19-Pandemie habe ich in der *New York Times* gelesen, das weibliche Immunsystem sei übermütig.[1] Ich wusste nicht sofort, wie ich das deuten sollte, weil der Begriff ein zweischneidiges Schwert ist, aus dem sich eine gewisse Maßlosigkeit herauslesen lässt, oder ein Mangel an Zurückhaltung. Na ja gut, das war einer der Erklärungsansätze dafür, dass das Coronavirus mehr Männer als Frauen tötete.[2] Und das, obwohl Frauen auf dem Höhepunkt der Epidemie dieser häufig eher ausgesetzt waren, wie Carole Clair, Ärztin und Mitverantwortliche des Referats für Gesundheit und Gender, betont.

Es gab auch andere Hypothesen zur Erklärung der Unterschiede hinsichtlich der Sterblichkeit: vor allem Tabakkonsum, bei Männern häufiger auftretendes Übergewicht oder Fettleibigkeit und andere Faktoren, die dazu führten, dass Covid-19 bei ihnen schwerer verlief.[3] Oder eben auch das womöglich geschlechtsspezifisch beeinflusste Einhalten bestimmter Vorschriften, vor allem der Hygiene – offenbar waschen sich Männer seltener die Hände.

FRAUEN WAREN VIEL HÄUFIGER IN DER SCHUSSLINIE, SEI ES IN DER PFLEGE, IM SOZIALEN BEREICH ODER IN ALLEN SYSTEMRELEVANTEN TÄTIGKEITEN WIE IM HANDEL ODER IN DER SCHULE.

CAROLE CLAIR
ÄRZTIN UND SPEZIALISTIN FÜR GENDER & GESUNDHEIT

1 *Why the coronavirus seems to hit men harder than women*, New York Times, 2. März 2020.
2 Zahlen des »Sex, Gender and Covid-19 Project« vom September 2022 zufolge machten Männer 57 % der Todesfälle in Frankreich aus, 55 % in der Schweiz und 53 % in Deutschland. Es sei angemerkt, dass es immer noch schwierig ist, Statistiken über Todesfälle in Verbindung mit Covid zu erheben.
3 Unter anderem aufgrund von Unterschieden im Eintrittsmechanismus des Virus in die Zelle, der beim Mann durch hormonelle Faktoren erleichtert werden könnte, wie in »Covid-19: dans le genre on peut faire mieux!« von C. Clair, V. Schlueter, M. Dominicé Dao und A. Gayet Ageron, erschienen in der Schweizerischen Medizinischen Zeitschrift im Mai 2021, beschrieben.
4 (S. 143) Frauen haben außerdem ein höheres Risiko, an Long Covid zu erkranken. Dieses bringt unter anderem Erschöpfungssymptome mit sich, die lange nach der Infektion anhalten und von denen vermutet wird, dass sie mit einer übersteigerten Reaktion des Immunsystems auf das Virus zusammenhängen.

Wie dem auch sei: Was ich daraus mitgenommen habe, ist, dass die Immunreaktion bei menschlichen Frauen bekanntermaßen besser ist als bei Männern, was auch für viele andere weibliche Tiere – Säugetiere, Insekten, Echsen oder Vögel – gilt; und dass es in mehr als zehn Jahren im Wissenschaftsjournalismus niemand für nötig gehalten hat, mir zu mitzuteilen, dass all dieser schöne »Übermut« in meinen weißen Blutkörperchen steckt. Ein Übermut, der sich manchmal in einer größeren Widerstandsfähigkeit gegenüber mehreren Infektionskrankheiten wie etwa Tuberkulose oder Ebola äußert und der sich bereits bei früheren Coronavirus-Epidemien gezeigt hat, wie beim SARS oder beim MERS, einem Virus, das Atemwegserkrankungen auslöst und vor allem im Nahen Osten vorkommt.

Der Übermut macht sich auch bei Impfungen bemerkbar. »Einige Studien haben erwiesen, dass Frauen bei Impfungen gleicher Dosis besser reagieren. Das ist beispielsweise bei der Grippeimpfung nachgewiesen. Sie erzeugen eine größere Menge an Antikörpern«, erklärt Carole Clair. »Das deutet darauf hin, dass kleinere Dosen für sie ausreichen, gleiche Ergebnisse zu erzielen.« Tatsächlich ist ihre Reaktion in einigen Fällen doppelt so stark wie die der Männer – und die Kehrseite der Medaille ist, dass sie dadurch stärkere Nebenwirkungen in Verbindung mit Impfungen, aber auch bei bestimmten Medikamenten haben. »Es lässt sich auch eine größere Anfälligkeit für Entzündungs- und Autoimmunerkrankungen beobachten.[4] Das weibliche Immunsystem funktioniert also zwar gut, aber es funktioniert manchmal zu gut, denn 80 % der Autoimmunerkrankungen entwickeln sich bei Frauen.«

Der Ursprung dieses Unterschiedes ist nicht so genau bekannt: Einige Evolutionstheorien führen ihn auf die Fortpflanzung und den Schutz des Nachwuchses zurück. Da Frauen ihre Kinder in der Gebärmutter und sogar nach der Geburt durch das Stillen »immunitär umsorgen«, scheint es in Bezug auf das Überleben der Art in ihrem verwundbarsten Stadium vorteilhaft, dass Frauen über besonders starke Abwehrkräfte verfügen.

Einer der Mechanismen, der die Effektivität dieser Abwehrkräfte erklären könnte, hängt übrigens mit dem systematischen Austausch von Zellen zwischen dem Fötus und seiner Mutter während der Schwangerschaft über die Plazentaschranke zusammen. Die Idee dahinter ist, dass diese fremden Zellen, sobald sie sich in der Mutter eingenistet haben, ihr Immunsystem noch Jahrzehnte nach der Geburt (oder einer Abtreibung oder Fehlgeburt) weiter stimulieren – und es so in Form halten.

Eigentlich also ein Pluspunkt – nur dass manchmal zu sehr stimuliert wird und so die besagten »Autoimmun«-Reaktionen hervorgerufen werden, von denen wir weiter oben gesprochen haben und die dann doch gar nicht mehr so autoimmun sind. Dieses Phänomen nennt sich Mikrochimärismus und wir fangen gerade erst damit an, seine Auswirkungen zu erforschen.[5] Aber momentan befinden wir uns noch im Stadium der Hypothese, und es kann nicht die einzige Erklärung sein,

weil sie nur für Personen gilt, die schon einmal schwanger waren. Andere Ansätze legen nahe, dass es einen hormonellen Faktor gibt, wobei insbesondere Östrogene – Hormone, die bei Frauen im Durchschnitt acht- bis zehnmal häufiger vorkommen als bei Männern – eine schützende Rolle spielen, und daher auch die Immunität in der Menopause abnimmt. Aber das erklärt nicht, wieso selbst kleine Mädchen und Frauen nach der Menopause ein stärkeres Abwehrsystem haben als ihre männlichen Artgenossen.

Anscheinend gibt es auch eine genetische Komponente, bestimmte Gene also, die mit der Immunität verbunden sind und sich auf den Chromosomen befinden, die das biologische Geschlecht bestimmen. »Viele dieser Sequenzen sind auf dem X-Chromosom zu finden, welches bei Frauen doppelt vorhanden ist und diese Gene in stärkerer Ausprägung enthält«, betont Carole Clair. Es wurde erkannt, dass besonders in den weißen Blutkörperchen ein nicht unerheblicher Teil dieser doppelten Gene zusammenarbeitet und dass die Zellen, die von dieser Dopplung profitieren, aktiver sind.

Angesichts all dessen fragt sich die Co-Leiterin des Referats für Gesundheit und Gender halb im Scherz, ob Männer während einer Pandemie nicht als besonders gefährdete Gruppe eingestuft werden sollten, die spezieller Abschirmung bedarf.

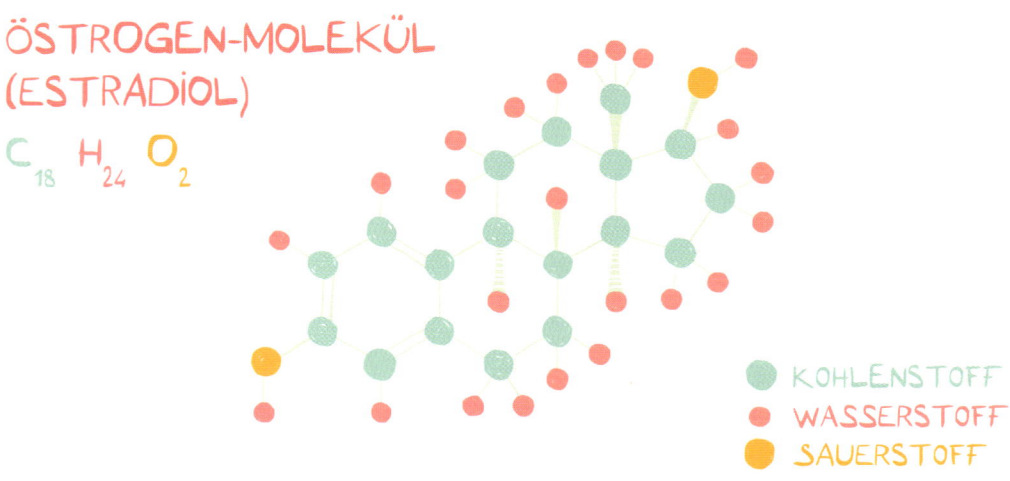

ÖSTROGEN-MOLEKÜL
(ESTRADIOL)

C_{18} H_{24} O_2

● KOHLENSTOFF
● WASSERSTOFF
● SAUERSTOFF

5 Les cellules buissonnières, l'enfant dont la mère n'était pas née et autres folles histoires du microchimérisme, Lise Barnéoud, Éd. Premier Parallèle, 2023.

23. Wer profitiert von (heterosexuellen) Beziehungen?

Wenn ihr »wie rette ich« bei Google eingebt, dann ergänzt die Suchmaschine automatisch »meine Beziehung« und verweist euch auf eine ganze Reihe von Zeitschriftenartikeln, die zu einer subtilen Mischung aus Sex und Selbstaufopferung aufrufen. Na ja, meist ist es auch nicht so subtil. Aber jedenfalls kommen alle von Frauenzeitschriften, was darauf schließen lässt, dass dieses Thema für einen Teil der Menschheit weniger Priorität hat als für einen anderen.

JEDE BILDUNG DER FRAU MUSS AUF DEN MANN BEZOGEN SEIN.

UM IHM ZU GEFALLEN, IHM NÜTZLICH ZU SEIN, VON IHM GELIEBT UND GEEHRT ZU WERDEN, IHN ALS JUNGEN GROSSZIEHEN ZU KÖNNEN, IHN ALS ERWACHSENEN ZU PFLEGEN, IHN ZU BERATEN, IHN ZU TRÖSTEN UND IHM DAS LEBEN ANGENEHM UND SCHÖN ZU MACHEN.

DIES SIND DIE PFLICHTEN DER FRAUEN ZU ALLEN ZEITEN UND DAS, WAS IHNEN VON KINDHEIT AN BEIGEBRACHT WERDEN MUSS.

JEAN-JACQUES ROUSSEAU

PHILOSOPH DER AUFKLÄRUNG

DURCH ERZIEHUNG WERDEN FRAUEN ZU MASCHINEN GEMACHT, DIE GEBEN, WÄHREND MÄNNERN BEIGEBRACHT WIRD, ZU NEHMEN.

MONA CHOLLET

ESSAYISTIN UND JOURNALISTIN

Dieser Teil täte allerdings gut daran, sich etwas angesprochener zu fühlen. Denn selbst wenn wir uns nicht für die Dauerhaftigkeit einer Partnerschaft interessieren, scheint die Partnerschaft doch einen Einfluss auf unsere Langlebigkeit zu haben. »Die verbleibende Lebenserwartung eines 65-jährigen verheirateten Mannes beläuft sich auf 19,8 Jahre, während sie bei 65-jährigen Single-Männern bei 15,8 Jahren liegt, also vier Jahre weniger«, erklärt Raymond Kohli, Demograf im Schweizer Bundesamt für Statistik, welches sich auf Schweizer Zahlen aus dem Jahr 2010[1] beruft. Bei den Frauen ist diese Spanne weniger groß, aber dennoch: Wenn sie in einer Partnerschaft leben, haben sie mit ebenfalls 65 Jahren etwa drei Jahre mehr Lebenserwartung.

1 Die nächste Aktualisierung ist für 2026 angedacht, wenn alle für die Untersuchungen der Sterblichkeit um das Jahr 2020 herum nötigen Daten und vor allem zu den Einflüssen der Covid-19-Pandemie verfügbar sind.

»Es geht gar nicht so sehr darum, aus rechtlicher Sicht verheiratet zu sein, sondern vielmehr, in einer langfristigen Beziehung zu leben«, betont George Ploubidis, Professor für Bevölkerungsmedizin und Statistik am Zentrum für Langzeitstudien des University College in London. »Anders ausgedrückt: Menschen, die sich in einer Langzeitbeziehung befinden, sind tendenziell gesünder und leben länger. Aus einem anderen Blickwinkel betrachtet, ist es die langfristige Einsamkeit, die der Gesundheit schadet.« Es ist wahrscheinlich, dass dies durch die Gesellschaft von Freund:innen, der Familie oder anderer Beziehungen, die aus dem traditionellen Schema herausfallen – kurzum: durch ein gutes und mitfühlendes Umfeld –, ausgeglichen wird. Und scheinbar haben sogar sogenannte »tierische Begleiter«, die ihre Besitzer:innen wortwörtlich durchs Leben begleiten, einen positiven Effekt auf die Gesundheit.

Den US-amerikanischen Gesundheitsbehörden zufolge stellt Einsamkeit ein genauso großes Gesundheitsrisiko dar wie das Rauchen von 15 Zigaretten am Tag.

Eine Studie der Universität von Minnesota deutet darauf hin, dass das Herzinfarktrisiko bei Personen, die mit einer Katze zusammenleben, um ein Drittel geringer ist.

WENN ICH ELF KATZEN HABE, HEISST DAS DANN, DASS ICH VÖLLIG IMMUN BIN?

Stressbälle mit Schnurr-Option

Den Wissenschaftler:innen zufolge könnte das an einem Entspannungseffekt liegen, den die Tiere auslösen.

All das reicht jedoch nicht aus, um die statistische Lebenserwartung zwischen Personen, die in einer offiziellen Partnerschaft leben, und Personen, die offiziell alleinstehend sind, auszugleichen. Zum einen, weil die Ausdehnung eures Netzwerkes und die Intensität der Beziehung, die ihr zu eurer Schildkröte habt, eher selten in den Listen der Demografen auftauchen. Und zum anderen, weil der kausale Zusammenhang nicht immer in die Richtung geht, die wir uns vorstellen: Es ist nicht unbedingt das Singledasein, das die Langlebigkeit verkürzt, sondern dass Menschen mit schwacher Gesundheit zum Beispiel auch seltener in einer langfristigen Partnerschaft leben als andere. Und das drückt natürlich die Statistik nach unten.

Laut den Spezialist:innen hat so eine dauerhafte Beziehung außerdem an sich schon eine Schutzwirkung. »Theoretisch gibt es da drei Mechanismen«, erklärt George Ploubidis. »Der erste ist recht materialistisch: Es ist das zusätzliche Einkommen. Menschen, die in einer Beziehung leben, bündeln ihr Einkommen und ihre Ersparnisse und bekanntlicherweise haben Einkünfte und Vermögen einen positiven Einfluss auf die Gesundheit.«

So weit zur sachlichen Seite, aber eine Beziehung – oder ein gutes soziales Netzwerk – hilft auch dabei, sich den anstrengenden Aufgaben des Lebens zu stellen. Und das ist noch nicht alles. »Was das Verhalten in Bezug auf die Gesundheit betrifft, so reduziert die Ehe auch den Alkohol- und Tabakkonsum und ermöglicht eine bessere Ernährung, vor allem für Männer«, fährt Raymond Kohli fort.

Frauen, ob alleinstehend oder nicht, sorgen offenbar besser für sich. Und auch für andere? Das lasse ich mal dahingestellt. Aber was die Langlebigkeit betrifft, so nützt die Ehe im Allgemeinen eher den Männern als den Frauen. Nach einer Studie, die an der dänischen Bevölkerung durchgeführt wurde,[2] sind es vor allem diejenigen Personen mit jüngeren Partner:innen, die eine höhere Lebenserwartung haben. Und in der überwältigenden Mehrheit der heterosexuellen Partnerschaften sind die Ehemänner älter als ihre Gattinnen.

Vielleicht sollten wir den Status der »alten Katzenlady« mit ein bisschen weniger Herablassung betrachten und womöglich sollten Frauen die Vorteile von Partnerschaften mit anderen Frauen ernsthafter in Erwägung ziehen.

VIRGINIE DESPENTES

SCHRIFTSTELLERIN UND REGISSEURIN

2 *How Does the Age Gap Between Partners Affect Their Survival?*, Sven Drefal, 2010, Demography.

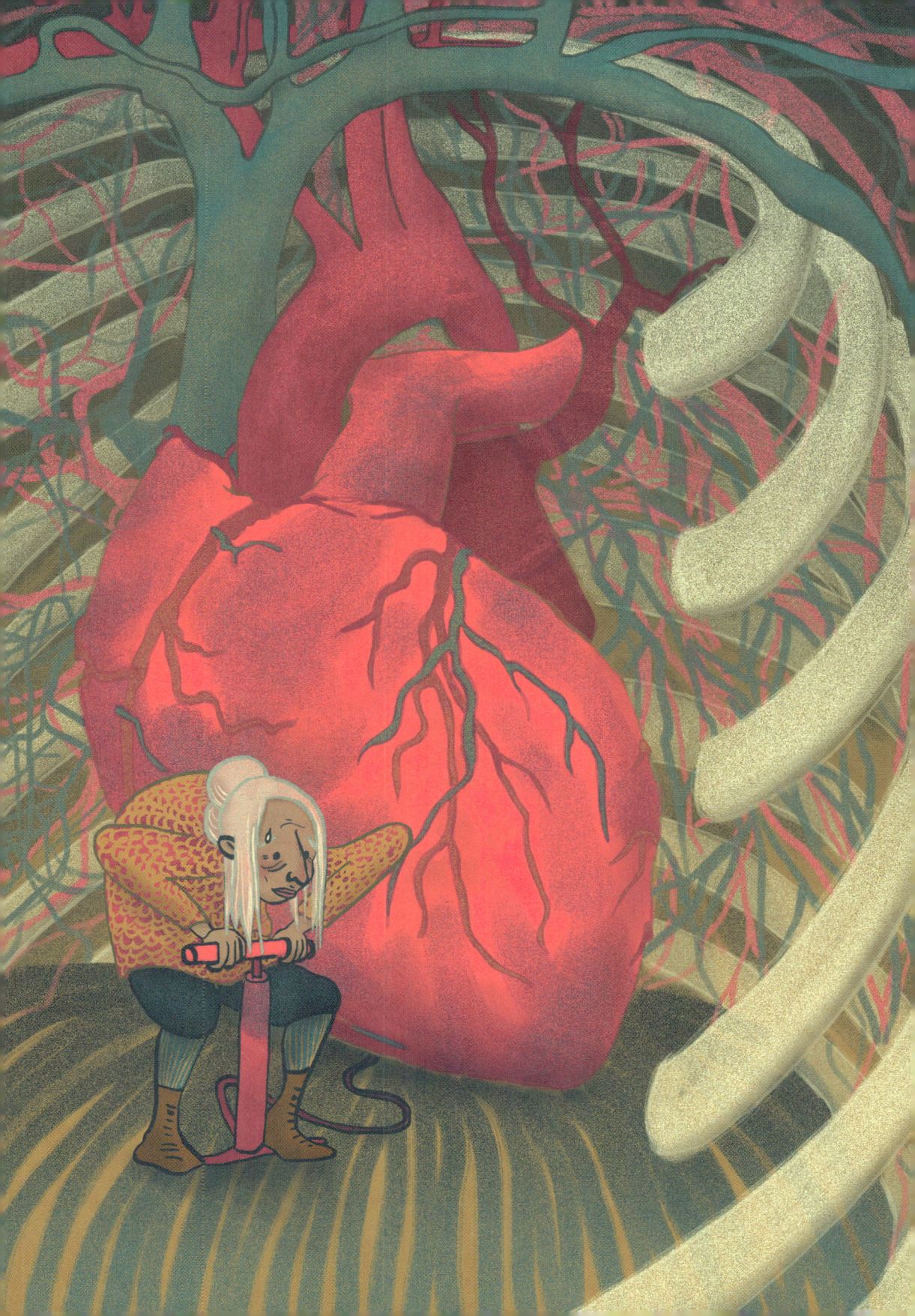

24. Wann werden wir ganz ohne Männer auskommen?

Wenn man das Rentenalter für Frauen erhöht, während man ihnen ein einigermaßen verbindliches Gesetz zur Lohngleichheit verweigert,[1] oder wenn zum x-ten Mal ein Weinstein-Skandal ausbricht und wir dennoch weiterhin Männer in den Himmel heben – oder sogar wählen –, die ein Problem mit dem Begriff der sexuellen Einvernehmlichkeit haben, frage ich mich, an welchem Punkt wir den Anschluss verpasst haben. Damit will ich sagen: Es gibt mit Sicherheit viele tolle Männer, aber bei einigen wäre es vielleicht mal an der Zeit, klarzumachen, dass wir viel besser ohne sie auskommen würden als sie ohne uns.

QUELLE: DEMOS GEGEN AHV 21

> UM FREI ZU SEIN, MÜSSEN ARBEITER:INNEN DIE KONTROLLE ÜBER DIE PRODUKTIONSMITTEL ÜBERNEHMEN.

WILLIAM EDWARDS BURGHARDT DU BOIS

SOZIOLOGE, SCHRIFTSTELLER UND BÜRGERRECHTLER

Denn schließlich sind es die Menschen, die mit einer Gebärmutter ausgestattet sind, die über die notwendigen Mittel zur Erhaltung der menschlichen Spezies verfügen. Na ja okay, wir beherrschen noch nicht die ganze Produktionskette vom ersten bis zum letzten Glied. Also nicht genug, um uns ganz allein fortpflanzen zu können – im Gegensatz zum Beispiel Hai-Damen, Truten oder Komodowaran-Weibchen, die dies gelegentlich tun. »Einige Tiere können sich in bestimmten Fällen durch Parthenogenese fortpflanzen, was bedeutet, dass der Nachwuchs vollständig von der Mutter abstammt«, erklärt Denis Duboule, Professor für Genetik an der Eidgenössischen Technischen Hochschule Lausanne und am Collège de France. »Anstatt ihre Zeit mit einem Männchen zu vergeuden, entscheidet sich die Mutter, lieber alles selbst in die Hand zu nehmen. Sie produziert Eizellen, die ihre DNA in doppelter Ausführung enthalten und so in der Lage dazu sind, ohne Spermien einen Embryo zu erzeugen.«

1 Wie es der Fall in der Schweiz ist, wo das Gesetz zur Lohngleichheit, das vom Parlament ausgearbeitet wurde, eine leere Hülle bleibt, während die Bevölkerung im September 2022 dafür gestimmt hat, das Rentenalter für Frauen von 64 auf 65 Jahre anzuheben, vor allem aus »Sorge« um die Gleichberechtigung der Männer.

Dieses Phänomen ist bei mehr als 80 Wirbeltierarten bekannt. Und je mehr wir uns für die Parthenogenese – wörtlich »Jungfernzeugung« oder »Jungferngeburt« – interessieren, desto häufiger beobachten wir sie. Kürzlich wurde ein voll entwickelter Fötus im Ei eines Krokodils gefunden, das seit 16 Jahren in völliger Isolation in einem Zoo in Costa Rica lebt.[2] Eine Zeit lang war der geläufige Forschungsstand, dass so etwas nur passiere, wenn kein Männchen zur Verfügung stünde. Aber langsam kristallisiert sich heraus, dass das ebenfalls geschieht, wenn viele paarungsbereite Partner vorhanden sind – es ist eben nur auffälliger, wenn keiner in der Nähe ist. Wir wissen eigentlich gar nicht so genau, warum die Weibchen bestimmter Arten manchmal ganz allein Babys zeugen. Aber vielleicht liegt es daran, dass Herr Komodowaran bei gleicher Arbeitsbelastung trotzdem 18 % mehr Aas frisst als seine Artgenossinnen.[3] Oder vielleicht liegt es daran, dass auch er bei der Paarung nicht gerade dafür bekannt ist, sich allzu sehr um die Einvernehmlichkeit zu scheren.

FOLGT MIR FÜR MEHR TUTORIALS ZUR DO-IT-YOURSELF-FORTPFLANZUNG.

UND VERGESST NICHT, ZU LIKEN.

ICH LIEB EUCH, MEINE SÜSSEN.

2 *Discovery of facultative parthenogenesis in a new world crocodile*, W. Booth et al., Biology letters, Juni 2023. Die Tatsache, dass die fakultative Parthenogenese sowohl bei Krokodilen als auch bei Vögeln beobachtet wurde, lässt vermuten, dass diese Fähigkeit auf einen weit zurückliegenden gemeinsamen Vorfahren zurückgeht und auch bei Dinosauriern und Pterosauriern vorhanden gewesen sein könnte.
3 Das ist auch der durchschnittliche Lohnunterschied zwischen Frauen und Männern in der Schweiz, Zahlen von 2020, Bundesamt für Statistik.

Jungfernzeugung klingt erst mal super, aber für die genetische Durchmischung und Vielfalt ist sie nicht so toll. Und beim Menschen und anderen Säugetieren wird diese schöne Eigenständigkeit bei der Fortpflanzung durch ein Phänomen verhindert, das als genomische Prägung bezeichnet wird. »Es gibt ungefähr hundert Gene, die unterschiedlich ausgeprägt sind, je nachdem ob sie vom Mann oder von der Frau an den Embryo weitergegeben werden«, erläutert Denis Duboule. »Und seit etwa dreißig Jahren wissen wir, dass das absolut notwendig ist. Es muss nämlich eine Vermischung der Gene der Frau mit denen des Mannes erfolgen, denn wenn zweimal die Gene der Frau vorliegen, dann bleibt der Embryo in seiner Entwicklung stehen; er wächst nicht. Das gilt auch für eine Dopplung der männlichen Chromosomen: Entwicklungsstopp und kein Wachstum.«

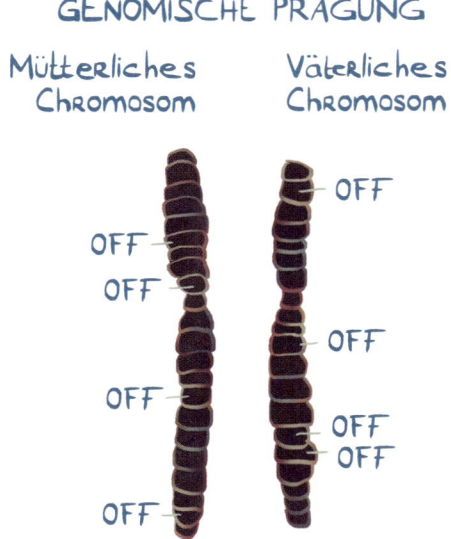

GENOMISCHE PRÄGUNG

Mütterliches Chromosom   Väterliches Chromosom

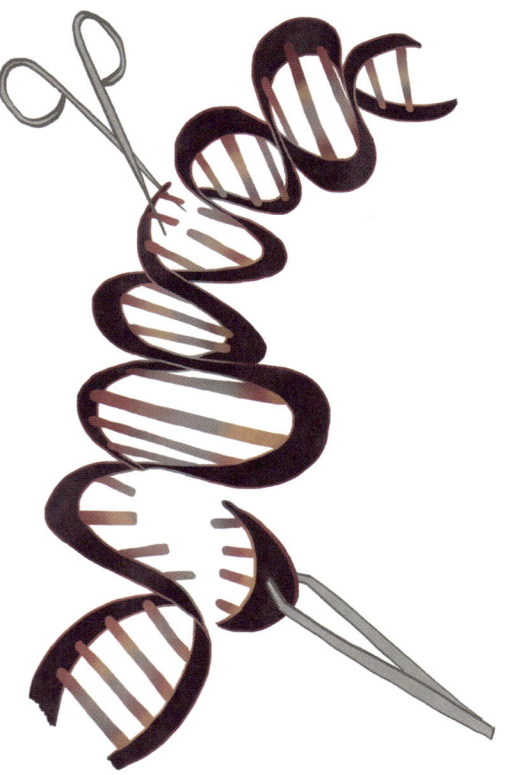

2018 verkündete jedoch ein Team chinesischer Forscher:innen, dass es ihnen gelungen sei, diese genomische Prägung bei Mäusen so zu manipulieren, dass Mäusebabys mit zwei Müttern und keinem Vater geboren wurden.[4] Sie verwendeten die molekulare Gen-Schere CRISPR-CAS9, für die Emmanuelle Charpentier und Jennifer Doudna 2020 den Nobelpreis für Chemie erhalten haben.[5] Diese Schere ermöglicht das Ausschneiden und Einfügen von DNA-Abschnitten – mit Fehlschlägen, aber auch mit einem Potenzial, das wahrscheinlich noch kaum abzuschätzen ist. Dank dieser Vorgehensweise ist es den Wissenschaftler:innen auch gelungen, einen Teil der »mütterlichen« Prägung der Zelle einer weiblichen Maus zu deaktivieren und ihr eine Prägung zu geben, die eher der einer männlichen Zelle entspricht. Diese Zelle wurde anschließend in die Eizelle eines anderen Weibchens injiziert und die beiden genetischen Codes haben sich vermischt, sodass ein Embryo entstand.

4 Generation of Bimaternal and Bipaternal Mice from Hypomethylated Haploid ESCs with Imprinting Region Deletions, Zhi-Kun Li et al., Cell Stem Cell, November 2018.
5 Ja. es geht doch voran, es geht voran.

Das klappt wirklich nicht jedes Mal, aber in 14 % der Fälle wurden offenbar gesunde und fruchtbare Mäusebabys geboren. Schwieriger war es, Mäusenachwuchs, der von zwei Vätern abstammt, zu zeugen, aber 2023 hat ein japanisches Team auch das erreicht, doch mit einer Erfolgsquote, die unter 1 % liegt.[6]

Also: Wer wird ohne wen auskommen können? Männer ohne Frauen oder umgekehrt? Oder beides? Lasst uns festhalten, dass die Mäuschen mit zwei genetischen Vätern sich dennoch im Bauch einer Leihmutter entwickelt haben und dass das männliche Geschlecht, um sich ohne Weibchen fortpflanzen zu können, erst einmal dazu in der Lage sein müsste, eine künstliche Gebärmutter, eine künstliche Schwangerschaft und alles, was dazugehört, von Grund auf neu zu erschaffen. Und so etwas ist noch nicht gelungen.[7]

Andererseits weist Anis Feki, Leiter der Abteilung für Gynäkologie und Geburtshilfe am Freiburger Kantonsspital, darauf hin, dass, wenn Frauen beschließen würden, nur noch unter ihresgleichen Kinder zu zeugen, ausschließlich kleine Mädchen zur Welt kämen,[8] weil dann nur noch weibliche Geschlechtschromosomen im Umlauf wären. Keine Y-Chromosomen, keine Männchen.[9] Aber wenn es das Ziel ist, ohne Männer auszukommen, dann ist das an sich kein wirkliches Problem.

ADE, Y-CHROMOSOM

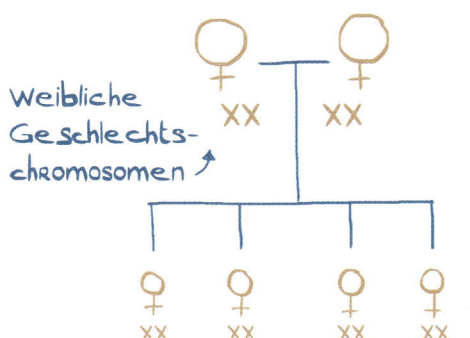

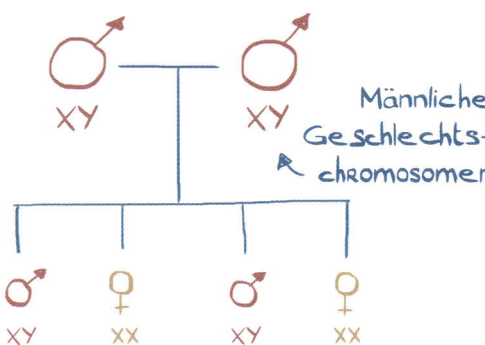

Stellen wir uns mal vor, der Kampf der Geschlechter würde in einen Schützengrabenkrieg übergehen und jedes Lager würde sich im Alleingang fortpflanzen. Auf der Seite der Männer würden Babys beider Geschlechter geboren werden, während es auf der anderen Seite nur noch Personen weiblichen chromosomalen Geschlechts gäbe.

---

6 *Generation of functional oocytes from male mice in vitro*, Kenta Murakami et al., März 2023.
7 Auch wenn Denis Duboule schätzt, dass das eines Tages möglich sein wird.
8 Zumindest aus der Sicht des chromosomalen Geschlechts.
9 Dito.

Wie dem auch sei: Auch wenn viele Teams auf der ganzen Welt unermüdlich an der Herstellung künstlicher Spermien und Eizellen arbeiten und dieser Bereich sich rasant weiterentwickelt, sind wir in Bezug auf die menschliche Fortpflanzung noch weit davon entfernt. Aus technischen, aber auch aus ethischen Gründen. Wie so oft haben wir vermehrt moralische Bedenken, wenn es uns selbst betrifft, als wenn es um andere Arten geht.

In der Zwischenzeit könnten wir die Männer auch immer noch durch Spermienkulturen ersetzen, auch wenn Denis Duboule das für riskant hält. »Der beste Weg ist, ein paar Männchen auf Lager zu behalten, irgendwo in einem Atomschutzbunker, nur für den Ernstfall«, plädiert der Spezialist. »Sich voll und ganz auf Zellkulturen zu verlassen, erscheint mir in der Tat etwas problematisch.«

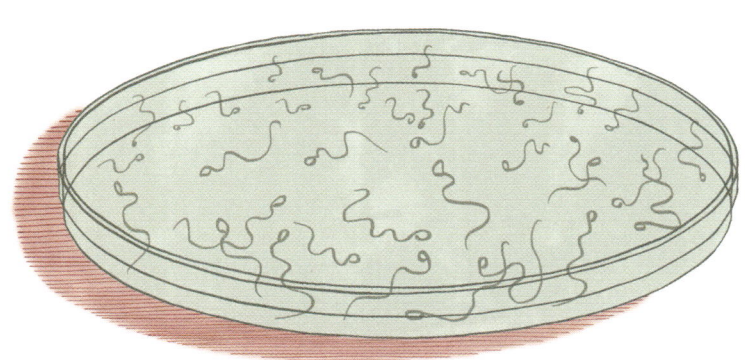

Stimmt, wir wissen ja nie, was passieren könnte: Das wäre ein bisschen so, als würden wir alle unsere Eier in dieselbe Petrischale legen. Und wenn wir nur eine Handvoll Männer brauchen, dann können wir doch auch einfach nur die guten Typen behalten, oder? Zumal es angesichts dieser Argumente vielleicht plötzlich viel mehr von ihnen geben könnte.

MAN(N) KANN AUCH ANDERS
WIR WOLLEN ZÄRTLICHKEIT VERDAMMT NOCHMAL
HAUSARBEIT MENTALE BELASTU -AUF IN DEN KAMPF
ES LEBE DIE DE-TOXISCHE MÄNNLICHKEIT!
KLITO- POWER
PATRIARCHAT IM EIMER ELBST WIR N KEINE LUST MEHR DRAUF
KONSEN
VATERSCHA URLAUB
GLEICH- BERECHTIGUN

Dank

Ich danke Nina und Ernestine für ihren
Enthusiasmus, ihre Ermutigung und ihren
unerschütterlichen Glauben an mich. Danke
auch an Caroline Stevan für ihre Ermutigung, ihre
Ratschläge und dafür, dass sie mir in den Sattel
geholfen hat. Danke an Aude Pidoux und Hadi
Barkat, dafür, dass sie an dieses Projekt geglaubt
haben. Danke an Julien für seine Unterstützung.
Danke an Chantal und Raul für ihre technische,
anatomische und humoristische Unterstützung,
und für das Aufstöbern des besten zeitweiligen
Arbeitszimmers der Welt, inklusive Nebel und
Marienkäferwolken.

Bibliografie und weiterführende Literatur

Das spannende und sehr verständliche *Bitch, a revolutionary guide to sex, evolution & the female animal* von Lucy Cooke (Ed. Random House, UK, 2022) gilt es zu lesen. Die gute Nachricht ist, dass es Ende 2023 auch auf Deutsch erschienen ist, und zwar im Malik-Verlag, unter dem Titel *Bitch – Ein revolutionärer Blick auf Sex, Evolution und die Macht des Weiblichen im Tierreich* in der Übersetzung von Susanne Warmuth und Jorunn Wissmann.

Der Unterschied. Was wir von Primaten über Gender lernen können von Frans de Waal (übers. v. Claudia Arlinghaus, Klett-Cotta, 2022): ein Leben voller Beobachtungen und Reflexionen, mit konkreten Fallbeispielen anhand von Affen, die der 2024 verstorbene Autor oft persönlich kannte.

Für eine tolle Führung durch unsere Gehirnwindungen und die Vielzahl an Studien, die sich mit ihnen beschäftigen: *The Gendered Brain, The New Neuroscience that Shatters the Myth of the Female Brain* von Gina Rippon (Ed. Vintage, 2020).

Für einen kritischen Blick zurück: *Weibliche Unsichtbarkeit: Wie alles begann* von Marylène Patou-Mathis (übers. v. Stephanie Singh, Hanser Verlag, 2021).

Für eine philosophisch-politische und selbstexperimentelle Dosis Testosteron: *Testo Junkie: Sex, Drogen und Biopolitik in der Ära der Pharmapornografie* von Paul B. Preciado (übers. v. Stephan Geene, b_books, 2016).

Und, auch wenn das nur einen Abschnitt dieses Buches betrifft, einen wertvollen Einblick aus dem Wissenschaftsjournalismus: *Les cellules buissonnières, L'enfant dont la mère n'était pas née et autres folles histoires du microchimérisme* von Lise Barnéoud (Éd. Premier Parallèle, 2023).

Und einige etwas anspruchsvollere Lektüren:

Das aus der Doktorarbeit von Priscille Touraille hervorgegangene Buch: *Homme grands, femmes petites: une évolution coûteuse. Les régimes de genre comme force sélective de l'évolution biologique* (Éd. de la maison des sciences de l'Homme, 2008).

Die sorgfältige Untersuchung von Rebecca M. Jordan-Young und Katrina Karzakis: *Testosterone, an unauthorized biography* (Ed. Harvard University Press, 2019).

Brain Storm, the flaws in the science of sex differences, ebenfalls von Rebecca M. Jordan-Young (Harvard University Press, 2010).

Abbildungsquellen

Vorwort:

Das Zitat von Monique Wittig stammt im französischen Originaltext aus ihrem Buch *La pensée straight*, Éd. Amsterdam, 2018, zu Deutsch *Das straighte Denken*, bei Merve in der Übersetzung von Benjamin Dittmann-Bieber und Arabel Summent 2023 erschienen. Das Zitat von Aristoteles stammt aus *L'homme préhistorique est aussi une femme* von Marylène Patou-Mathis, Éd. Allary, 2020, auf deutsch unter *Weibliche Unsichtbarkeit: Wie alles begann* erschienen. Das Zitat von Charles Darwin entstammt *The Gendered Brain, The New Neuroscience that Shatters the Myth of the Female Brain* von Gina Rippon, Ed. Vintage, 2019. Das von Sigmund Freud stammt aus *Les premiers psychanalystes: Minutes de la société psychanalytique de Vienne*, Band 3: 1910–1911, Herman Nunberg, Ernst Federn und Nina Schwab-Bakman, Éd. Gallimard, 1978. Auch dieses Buch gibt es auf Deutsch: Es ist der dritte Band der vier Protokolle der Wiener Psychoanalystischen Vereinigung, erschienen im Fischer-Verlag. Die Zitate von Friedrich Hegel und Mary Midgley stammen aus *Différents, le genre vu par un primatologue* von Frans de Waal, Éd. Les liens qui libèrent, 2022. Auf Deutsch ist das Buch 2022 bei Klett-Cotta in der Übersetzung von Claudia Arlinghaus erschienen und trägt den Titel *Der Unterschied. Was wir von Primaten über Gender lernen können*.

Kapitel 1:

Die Zitate von Simone de Beauvoir und Marylène Patou-Mathis stammen im französischen Originaltext aus dem Buch *L'homme préhistorique est aussi une femme*, Marylène Pathou-Mathis, Éd. Allary, 2020. Das Jagdzubehör ist inspiriert durch *Female hunters of the early Americas*, Science Advances, 2020. Und das Grab der Kriegerin von Birka basiert auf einer Gravur von Evald Hansen, die 1889 im *American Journal of Physical Anthropology* veröffentlicht wurde.

Kapitel 2:

Die Zeichnung vom Hoka-hoka wurde inspiriert durch eine Zeichnung bzw. ein Foto aus *Der Unterschied* von Frans de Waal, Klett-Cotta, 2022. Die Zitate von Frans de Waal stammen im Originaltext aus der französischen Version dieses Buches.

Kapitel 3:

Die Karte zum Geschlechterverhältnis basiert auf einer Grafik der Website »Our World in Data« auf der Grundlage von Daten der UNO.

Kapitel 4:

Das Zitat von Frans de Waal stammt im Originaltext aus seinem Buch *Différents*, Éd. Les liens qui libèrent, 2022. Das von Lucy Cooke aus ihrem Buch *Bitch, a Revolutionary Guide to Sex, Evolution and the Female Animal*, Ed. Random House UK, 2022, auf Deutsch *Bitch – ein revolutionärer Blick auf Sex, Evolution und die Macht des Weiblichen im Tierreich*. Die Auszüge aus Nettie Stevens Tafeln basieren auf ihren *Studies in Spermatogenesis with special reference to the »Accessory Chromosome«*, Part I, Carnegie Institute of Washington, September 1905.

Kapitel 6:
Die Zitate von Sarah Blaffer Hrdy, Frederick Morris, Patricia Gowaty und Lucy Cooke stammen aus dem Buch *Bitch, a Revolutionary Guide to Sex, Evolution and the Female Animal*, Lucy Cooke, Ed. Random House UK, 2022. Genau wie die Ziffern zum Kloakenkuss und zur Heckenbraunelle. Die Zeichnung des Japanmakaken ist durch eine Illustration aus demselben Buch inspiriert und wurde ihrerseits der Suzanne-Chevalier-Skolnikoffs-Studie »Male-Female, Female-Female, and Male-Male Sexual Behavior in the Stumptail Monkey, with Special Attention to the Female Orgasm«, Archives of Sexual Behaviour, 1974, entnommen. Die Zitate von Frans de Waal stammen im französischen Originaltext aus seinem Buch *Différents*, Éd. Les liens qui libèrent, 2022. Die Zitate von Ovidie stammen aus ihrem Buch *La chair est triste hélas*, Éd. Julliard, 2023.

Kapitel 7:
Die Zitate von Andreas Vesalius basieren auf Äußerungen, die in *Bitch, a Revolutionary Guide to Sex, Evolution and the Female Animal*, Ed. Random House UK, 2022, wiedergegeben werden. Das Zitat von Lucy Cooke stammt ebenfalls aus diesem Buch. Die Sätze von Helen O'Connell basieren auf einem Artikel des *Sydney Morning Herald*: »Get cliterate: how a Melbourne doctor is redefining female sexuality«, Dezember 2018. Die anatomische Lehrtafel über den gemeinsamen Ursprung der männlichen und weiblichen Geschlechtsteile stammt aus der Broschüre *Sexesss* des Programms »Sciences, sexes, identités« der Universität Genf, mit freundlicher Genehmigung. Das Zitat von Frans de Waal stammt im Originaltext aus seinem Buch *Différents*, Éd. Les liens qui libèrent, 2022. Die Zitate von Olympe de Gê stammen aus einem Video, das sie auf ihrem Instagram-Account, @olympedege, gepostet hat.

Kapitel 8:
Die Grafik zu den Intimrasuren in Frankreich stammt aus einer Studie des französischen Umfrageinstituts IFOP. Und die Zitate aus der Studie über den Zusammenhang von Haarentfernung und Geschlechtskrankheiten sind im Originaltext der *Revue des infections sexuellement transmissibles*, Dezember 2016, entnommen.

Kapitel 9:
Das Zitat von Camille Froidevaux-Metterie stammt im Originaltext aus ihrem Buch *Seins, En quête d'une libération*, Éd. Anamosa, 2020. Das von Frans de Waal aus *Différents*, Éd. Les liens qui libèrent, 2022.

Kapitel 11:
Das Zitat von Tedros Adhanom Ghebreyesus entstammt einer im Februar 2023 veröffentlichten Pressemitteilung der Weltgesundheitsorganisation als Reaktion auf den Bericht »Trends in maternal mortality« der Vereinten Nationen. Die Zitate von Jeanne Altmann und Lucy Cooke sind ihrem Buch *Bitch, a Revolutionary Guide to Sex, Evolution and the Female Animal*, Ed. Random House UK, 2022, entnommen.

Kapitel 13:
Das Zitat von Robert W. Goy stammt im französischen Originaltext aus *Différents* von Frans de Waal, Éd. Les liens qui libèrent, 2022. Die Zitate von Anna Machin sind ihrem Buch *Devenir papa*, Éd. Larousse, 2019, entnommen. Der Band ist 2020 in der deutschen Übersetzung von Ursel Schäfer und Enrico Heinemann im Verlag Antje Kunstmann erschienen und heißt *Papa werden. Die Entstehung des modernen Vaters.*

Kapitel 14:
Die Zitate von Paul B. Preciado stammen im französischen Originaltext aus seinem Buch *Testo Junkie*, Éd. Grasset, 2008. Auf Deutsch ist der Band 2016 bei b_books in der Übersetzung von Stephan Geene erschienen und trägt den Titel *Testo Junkie: Sex, Drogen und Biopolitik in der Ära der Pharmapornografie*. Die Zitate von Charles-Edouard Brown-Séquard und Peter Ellison stammen aus *Testosterone, an unauthorized biography* von Rebecca Jordan-Young und Katrina Karzakis, Ed. Harvard Press University, 2019, genau wie die der beiden Autorinnen des Werks (die übrigens beiden Forscherinnen zugeschrieben werden, auch wenn aus grafischen Gründen nicht systematisch beide abgebildet werden). Das Zitat von Louis Berman entstammt *The Glands Regulating Personality*, Ed. The Macmillan Co., 1922.

Kapitel 16:
Das Zitat von Gustave Le Bon stammt im französischen Originaltext aus »Recherches anatomiques et mathématiques sur les lois des variations du volume du cerveau et sur leur relation avec l'intelligence«, Revue d'Anthropologie, 1879. Die von Paul Broca und Léonce Manouvrier aus *L'homme préhistorique est aussi une femme* von Marylène Patou-Mathis, Éd. Allary, 2020. Die Zitate von Gina Rippon sind ihrem Buch *Gendered Brain*, Ed. Vintage, 2019, entnommen. Die Zahlen zum geschlechtsspezifischen Spielzeug stammen aus der Studie »Preschoolers' Perceptions of Gender Appropriate Toys and their Parents' Beliefs About Genderized Behaviors: Miscommunication, Mixed Messages, or Hidden Truths?«, die von Nancy Freeman durchgeführt, im Februar 2007 im *Early Childhood Education Journal* veröffentlicht und von Gina Rippon in ihrem Buch zitiert wurde.

Die Zahlen der Grafik über die prozentuale Anzahl an Forscherinnen stammen vom Statistischen Institut der UNESCO, Juni 2019. Das Zitat von Simone de Beauvoir ist *Le Deuxième Sexe*, Éd. Gallimard, 1949, entnommen. Das Buch ist in mehreren deutschen Übersetzungen, erstmals 1951, erschienen. Die neueste Version wurde im Jahr 2000 bei Rowohlt publiziert, von Uli Aumüller, Grete Osterwald, Eva Rechel-Mertens und Fritz Montfort übersetzt und trägt den Titel *Das andere Geschlecht*. Das Zitat von Rebecca Jordan-Young entstammt ihrem Buch *Brain Storm, the flaws in the science of sex differences*, Ed. Harvard University Press, 2011.

Kapitel 17:
Die Darstellung der Verteilung des Sexualverhaltens zwischen gleichgeschlechtlichen Individuen im Stammbaum des Lebens orientiert sich an einem Schema aus der Studie »An alternative hypothesis for the evolution of same-sex sexual behaviour in animals«, *Nature Ecology & Evolution*, Dezember 2019.

Kapitel 18:
Die Zitate über die Besiedlung Nord-Eurasiens während des letzten Eiszeitmaximums stammen aus dem *Journal des Sciences archéologiques et anthropologiques*, Mai 2016.

Kapitel 20:

Die Statistiken zum Dimorphismus im Tierreich entstammen dem Buch *Odd Couples* von Daphne J. Fairbarn (Ed. Princeton University Press, 2013), welches die Autorin in einem Artikel mit dem Titel »Big females rule in the animal Kingdom« zitiert, der in ihrem Blog bei der Huffington Post veröffentlicht wurde. Die Statistiken zum Dimorphismus bei Säugetieren stammen aus der Studie »New estimates indicate that males are not larger than females in most mammals«, Kaia Tombak et al., Nature, 2024. Die Zitate von Priscille Touraille sind im französischen Originaltext ihrem Buch *Hommes grands, femmes petites : une évolution coûteuse. Les régimes de genre comme force sélective de l'évolution biologique*, Éd. de la Maison des Sciences de l'Homme, 2008, entnommen. Genau wie das von Sarah Blaffer Hrdy und ebenso die Ziffern zur Sterblichkeit, zu Komplikationen bei der Geburt und zum Energieverbrauch des Gehirns sowie die Beispiele aus anthropologischen Studien zum Zugang zu Proteinen oder auch die Beobachtungen von T. E. Rowell et J. Chish zum Modell des männlichen Beschützers.

Kapitel 21:

Die Zeichnung der HPV-Impfkampagne ist einer echten Kampagne des Schweizer Bundesamts für Gesundheit aus den 2010er-Jahren nachempfunden.

Kapitel 23:

Das Zitat von Jean-Jacques Rousseau stammt im französischen Originaltext aus *L'homme préhistorique est aussi une femme* von Marylène Patou-Mathis, Éd. Allary, 2020. Das von Mona Chollet aus ihrem Buch *Réinventer l'amour, comment le patriarcat sabote les relations hétérosexuelles*, Éd. La Découverte, 2021. Der Band ist 2023 in der deutschen Übersetzung von Norma Cassau bei DuMont erschienen unter dem Titel *Wir müssen die Liebe neu erfinden. Wie das Patriarchat heterosexuelle Beziehungen sabotiert.* Die Zahlen zu den Effekten von Einsamkeit stammen aus einer im Mai 2023 erschienenen Mitteilung des US-amerikanischen Gesundheitsamts und die Zahlen zu den Auswirkungen von Haustieren aus *Quand les animaux nous font du bien* von Laurence Paoli, Éd. Buchet-Chastel, 2022. Die Zitate von Virginie Despentes entstammen einem Interview mit *Le Monde* vom Juli 2017 mit dem Titel »Cette histoire de féminité, c'est de l'arnaque«.

Kapitel 24:

Die Slogans stammen von unterschiedlichen Demonstrationen gegen die AHV-21-Reform.

BEDIENUNGSANLEITUNG

— HERKUNFT DES FLEISCHES:

ICH INTERESSIERE MICH SCHON LANGE FÜR DIE WISSENSCHAFT — SCHON SEIT ICH ALS KLEINES MÄDCHEN NACHTS WACH LAG UND ÜBER DAS ENDE DER UNENDLICHKEIT UND DAS DAS EIN-/AUSSCHALT-SYSTEM DER LATERNEN IN MEINER STRASSE NACHGEGRÜBELT HABE.

ZUTATEN:

24 Kolumnen über Wissenschaft und Feminismus, einige davon verfasst für den Sender Radio Télévision Suisse, sowie zusätzliche Kapitel, um ein großes Ganzes daraus zu machen, und ganz viele Zeichnungen. Das alles gespeist durch fünfzehn Jahre Nachverfolgung wissenschaftlicher Aktualität, aber auch angereichert mit einer guten Portion ganz gewöhnlichem Sexismus, Hänseleien in der Schule, widersprüchlichen Anweisungen, häuslichen Ungerechtigkeiten und feministischen Lektüren.

MINDESTENS HALTBAR BIS: MÄRZ 2323

Die UNO schätzt, dass zu diesem Zeitpunkt, basierend auf dem aktuellen Rhythmus, die Gleichberechtigung zwischen Männern und Frauen erreicht sein wird.

ES WAR NICHT IMMER LEICHT. VOR ALLEM ALS MIR BRÜSTE WUCHSEN, WÄHREND ICH IN EINER KLASSE WAR, DIE AUF NATURWISSENSCHAFT AUSGERICHTET WAR, IN DER ES BEI 23 SCHÜLER:INNEN NUR ZWEI MÄDCHEN GAB.

ABER NUN GUT, ICH HATTE JA BESCHLOSSEN, DEN NOBELPREIS FÜR PHYSIK FÜR DIE ERFINDUNG DER TELEPORTATION ZU ERHALTEN. UND AUSSERDEM HATTE MIR NIEMAND GESAGT, DASS ICH ALS FRAU NICHT DAFÜR VORGESEHEN WAR, EIN »INGENIEURSHIRN« ODER ÜBERHAUPT DIE INTELLEKTUELLEN FÄHIGKEITEN DAFÜR ZU HABEN, PHYSIKERIN ZU WERDEN.

Schulmädchen-Kampfausrüstung

Magischer Teleporter-Prototyp fürs Gehirn zur Flucht aus der Schule, aus Meetings und anderen Wartezimmern

Zum Glück steht das nicht auf dem Diplom für meinen Abschluss als Physik-Ingenieurin.

BEI MEINEN BRÜSTEN HERRSCHT KEINE SELBSTBEDIENUNG

NA JA, ICH HAB ZWAR NICHT DEN NOBELPREIS NACH HAUSE GEBRACHT, ABER ICH HATTE DAS GLÜCK, WISSENSCHAFTSJOURNALISTIN ZU WERDEN, WAS MIR ERMÖGLICHT, MEINE LISTE UNBEANTWORTETER FRAGEN IMMER WEITER ZU VERLÄNGERN.

Haben Tintenfische Existenzkrisen?

Falls es andere Lebensformen im Universum gibt, werden wir in der Lage dazu sein, sie zu erkennen?

Haben sich die Menschen in der Steinzeit mit Science-Fiction beschäftigt?

IN MEINEM JOB SIND MIR ZIEMLICH VIELE THEORIEN BEGEGNET, DIE VOM GLEICHEN SCHLAG SIND WIE JENE, DIE VORGIBT, DIE GRENZEN MEINES WEIBLICHEN GEHIRNS BESTIMMEN ZU KÖNNEN. ABER ICH HABE AUCH FESTGESTELLT, DASS VIELE DIESER THEORIEN GERADE ZIEMLICH BRÖCKELN UND DASS SICH IN DER WISSENSCHAFT JEDE MENGE ARGUMENTE FÜR MEHR GLEICHBERECHTIGUNG FINDEN LASSEN. UND GENAU DAVON WOLLTE ICH IN DIESEM BUCH ERZÄHLEN.

Weitere Argumente gegen das Patriarchat, auch bei Helvetiq erschienen:

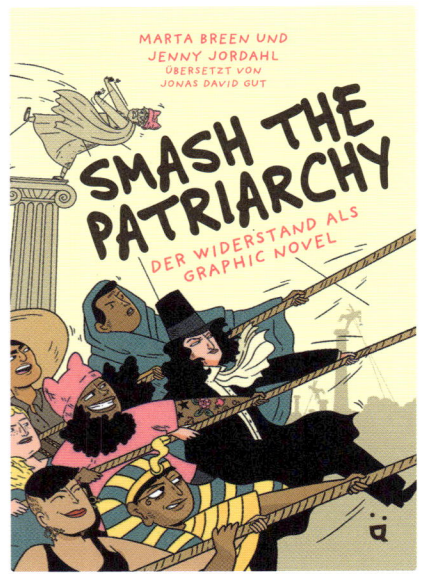

Smash the Patriarchy
Der Widerstand als Graphic Novel
ISBN: 978-3-03964-017-1

Die Stimme der Frauen
Das Frauenwahlrecht Kindern (und ihren Eltern) erklärt
ISBN: 978-3-907293-38-6